Le border terrier

Direction éditoriale
Hervé Chaumeton, Philippe Coppé

Coordination éditoriale
Laurence Dechel

PAO
Isabelle Véret

Photogravure
Stéphanie Henry, Véronique Janvier-Baudonnat, Chantal Mialon

ISBN : 2-84416-256-8
N° d'éditeur : 84416
Dépôt légal : août 2004

Achevé d'imprimer : juillet 2004
Imprimé en Espagne par ONA Industria Gráfica

Le border terrier

Alain Bobek
Murielle Murineddu

ARTÉMIS
ÉDITIONS

Sommaire

Introduction

De son statut de « nettoyeur d'environnement » dans les premiers villages, au sein de multiples tribus, en passant par celui d'auxiliaire de chasse, puis d'animal sacré, le chien a depuis longtemps cherché à établir sous le signe du lieu, l'histoire naturelle de l'attachement avec l'homme. Animal sauvage au départ, il a vite compris que ses chances de survie augmentaient au fur et à mesure qu'il se rapprochait, se tenait à proximité des hommes. L'homme ne consomme pas l'intégralité de ses aliments ; ses déchets suffisaient à nourrir et donc comblaient ces meutes de Canidés.

Domestiqué par l'homme, le chien devenait peu à peu dépendant de lui, en épousant son évolution. Il lui aura fallu quelques milliers d'années avant de devenir le compagnon indispensable, voire vital, d'une civilisation quelque peu névrosée, ayant parfois oublié son histoire et perdu ses repères authentiques.

Le chien est là pour vous rappeler…

Aujourd'hui, il existe près de quatre cents races de chiens dans le monde et toutes possèdent des caractéristiques spécifiques, tant sur le plan morphologique que caractériel.

Du plus petit au plus grand, il en est forcément un qui vous correspondra et qui trouvera son épanouissement au sein de votre cellule familiale. Le tout est de ne pas choisir son chien à la légère, de prendre conscience de son propre environnement, de sa façon de vivre, de sa disponibilité, de son relationnel, de son émotivité et de son facteur affectif. Tout cela se doit d'être étudié sérieusement avant de se diriger vers tel ou tel choix et de se livrer à cette grande aventure que représente la cohabitation homme/animal.

Une personne mal avertie et inconsciente de l'engagement pris pourrait bien avoir l'impression de vivre l'horreur avec un fauve dans la même cage, alors qu'une personne réfléchie, bien informée et douée d'un sens de l'observation, pourrait vivre avec un vrai fauve et en parfaite harmonie… Ceci est une image, mais pas si éloignée que ça de la réalité quand on regarde certains couples homme/chien. Il est inéluctable que les mots respect et règles revêtent un sens profond, si l'on veut mener à bon terme, une telle expérience.

Pour le meilleur et pour le rire, le border est synonyme de plaisir… Si tous les chiens sont fidèles et intelligents, le border est simplement brillant !

Généralités

L'HISTOIRE DU BORDER TERRIER

C'est dans l'histoire des terriers que les premières références au border terrier apparaissent. En effet jusqu'au XIXe siècle, l'histoire du border est étroitement liée à celle des autres terriers, bien qu'il s'en distingue par la forme de sa tête, forte et courte, qui rappelle celle d'une loutre.

Les origines de la race

> PREMIÈRES DESCRIPTIONS ET REPRÉSENTATIONS DES TERRIERS

Au IIe siècle après J.-C., la *Cynégétique* du poète grec Oppien fait référence à un chien utilisé pour débusquer d'autres animaux de leurs terriers, chien doté d'une mâchoire forte, d'un poil rude et que l'on peut porter dans les bras. En 630, dans une ordonnance du roi Dagobert, il est question d'un chien chassant sous terre. Au XIVe siècle, Gace de la Buigne, dans son ouvrage intitulé *Roman des déduis,* utilise le mot terrier (les premiers textes et dessins datent aussi de cette époque). C'est au XVIe siècle que le Dr Johannes Caius donne un descriptif des terriers et de leur aptitude à poursuivre les animaux réfugiés dans des trous.

Au milieu du XVIIe siècle apparaissent des dessins de border terriers. En regardant ces gravures, on constate que les caractéristiques communes aux dandie dinmonts et aux bedlingtons sont plus évidentes à l'époque qu'aujourd'hui, bien que tout le monde ne soit pas d'accord sur l'origine du border.

> L'ORIGINE DE SON NOM

Dénommé conquédale terrier, ou elterwater terrier, ou encore working terrier, c'est à la fin du XIXe siècle que le nom de border terrier sera accepté. Le terme border vient de la frontière entre l'Angleterre et l'Écosse et le terme terrier vient du français « terre ». Pour autant, le chemin ne fait que continuer : il faut encore et toujours développer la race, tout en la préservant.

> LES DÉBUTS CYNOPHILES DU BORDER

Bacchus fut le premier border à participer à l'exposition de Newcastle.

Le premier border enregistré sur les livres du Kennel Club le fut en 1913. En 1920, la race fut officiellement reconnue grâce, notamment, à la campagne menée par F. W. Morris dans *Our dogs.* Il est indéniable que les familles Robson et Dodd ont contribué au développement des « borders » et à la finalisation du standard, qui a d'ailleurs peu connu de modification à ce jour. Ces familles sont étroitement liées et, pendant plus d'un siècle, elles fournirent les maîtres de chasse, à tel point que les éleveurs auraient souhaité appeler la race « robson terrier ».

En 1923, le Northumberland Club s'affilia au Kennel Club, juste après de violentes oppositions au sujet du border en exposition. Malgré sa participation aux expositions, le border n'a pas perdu ses atouts d'origine. Ces craintes étaient-elles fondées ? Aujourd'hui encore, le border est et reste un excellent chasseur doublé d'un exceptionnel chien de compagnie.

Le premier challenge certificat de championnat fut attribué en classe mâle à Tinker le

30 septembre 1920 par le juge M. S. Dodd à l'exposition de Carlisle et en classe femelle il fut attribué à Liddesdale. Toujours en 1920, les challenge certificates du Kennel Club furent attribués en mâle à Tinker et en femelle à Winnie. Ceux du Scottich Kennel furent attribués en mâle à Teri et en femelle à Winnic. Bien qu'ayant remporté trois CC Tinker n'obtiendra pas ce titre car deux CC lui ont été donnés par le même juge.

Le border : une race à part

> Un passé obscur

Terrier au poil rude et à l'époque plutôt foncé, avec une queue non écourtée (plus d'une fois elle l'a sauvé lorsqu'il se trouvait en mauvaise posture), qui débusque les renards et les blaireaux avec une facilité inouïe, chasseur sans crainte, peut-être issu du dandie, du bedlington et d'un terrier blanc ou porteur de blanc comme le prouvent les poitrines blanches de certains spécimens.

Il est bien difficile de retracer l'origine de la race faute de documents, puisque ce n'est qu'en 1920 que le Kennel Club reconnut le border. C'est d'ailleurs à l'occasion de discussions sur la couleur admise par le standard que l'on découvrit que les borders existaient dès 1732. Il nous faut donc nous contenter de la mémoire des gens, de leurs écrits et des peintures pour obtenir des renseignements, ce qui occasionne de nombreuses polémiques, l'histoire appartenant à un passé de plus de quatre siècles pour les uns, beaucoup plus récent pour les autres. Malgré ce passé obscur, il est évident

que, dans le pays d'origine du border, les races des terriers portent le nom des villages situés dans la région.

> Un excellent chien de chasse

Le border fait partie des races de travailleurs des plus résistantes. Il est exceptionnel, court pendant des kilomètres, sait suivre un cheval au galop et exécute tous les ordres donnés.

À l'origine, ces chasseurs travaillaient dur pour leurs maîtres, piégeant renards, blaireaux, chats sauvages, lapins et tout ce qui pouvait se manger. Les borders supportent les conditions les plus extrêmes avec un courage étonnant. En résumé, c'est l'intelligence du renard dans une tête de loutre.

Les Robson, Ridisdale, Irving, Percy et Renwick figurent dans tous les écrits sur le border. À noter que nombre d'entre eux ont élevé des borders sur plusieurs générations. C'est dire l'attachement de l'homme à cette race qui de ce fait ne s'est pas détériorée. Le border est l'une des races les plus anciennes de Grande-Bretagne. Les éleveurs habitant la frontière écossaise préservaient leur lignée, afin d'éviter d'en faire des chiens d'exposition, des chiens de parade.

> Une popularité grandissante

Le border devint de plus en plus populaire. D'ailleurs, on note une amélioration dans sa présentation en exposition, sans pour autant lui faire perdre des caractéristiques essentielles de chien de travail d'un pays pierreux et très accidenté. Ces caractéristiques précisées dans le standard ont été établies par ces éleveurs qui savaient parfaitement en quoi consiste le travail sous terre du border, dans des conditions extrêmement difficiles.

Lors de la Seconde Guerre mondiale, le gouvernement britannique enrôla de nombreux borders pour tenir compagnie aux troupes et rappela les chasseurs des montagnes du Nord avec leurs borders pour combattre les renards qui disséminaient les troupeaux destinés au ravitaillement des hommes.

En 1951, le Kennel Club reconnut que le border terrier est une race digne d'un représentant au conseil et M. J. J. Pawson fut élu. À ce moment, les propriétaires de borders sont toujours opposés à la présentation en

exposition, où l'accent n'est pas mis sur leurs qualités de chasseurs.

Le border dans le monde

Bien que le border soit d'origine britannique (Écosse-Angleterre), il est présent un peu partout dans le monde.

> En France

• Un petit nombre d'élevages

Peu d'élevages sont recensés en France. M. Le Magnan fut parmi les premiers à importer des borders. Et l'élevage « Malice Bleue » les fit connaître au travers des expositions. Principaux affixes français élevant des border terriers : de la Maestria, Malice Bleue, Rocher

Le border dans le monde (les naissances)

Années	Grande-Bretagne	Pays-Bas	États-Unis	Italie	France LOF	Danemark	Allemagne
1989	2 510	105	521	5	13	–	–
1990	2 434	–	510	–	40	–	–
1991	2 249	–	657	5	42	87	–
1992	2 488	–	653	8	56	98	96
1993	2 474	–	642	–	50	163	149
1994	2 766	–	720	–	79	130	–
1995	3 038	–	663	7	88	–	–
1996	–	–	–	–	65	–	–
1997	–	–	–	–	116	–	–
1998	–	–	–	–	104	–	–
1999	–	–	–	–	131	–	–
2000	–	–	–	–	130	–	–
2001	–	–	–	–	209	–	–
2002	–	–	–	–	217	–	–
2003	–	–	–	–	272	–	–

Rouge, Glen Mara, Devon Loch, des Newzanthynes, de Kibefa, du Parguet.

Bien que les naissances avoisinent la centaine, il n'est pas rare de voir sur les rings des borders totalement différents et cela est dû, comme pour la plupart des autres races, à la diversité des origines importées. Aussi, pouvez-vous croiser des chiens trapus et lourds, aux têtes allongées et étroites, ou encore des chiens plus légers mais musclés, très élégants avec cette tête caractéristique, rappelant spontanément celle de la loutre.

Si durant la Seconde Guerre mondiale peu de chiens pouvaient, comme le border, continuer à se présenter en exposition jusqu'à un âge avancé et gagner. Aujourd'hui, c'est le cas de Malice Bleue Hun Certain Look d'Enfer qui parcourt et gagne encore les compétitions à l'âge de 8 ans. Cependant, il faut rester vigilant et passionné pour qu'en France nous sachions être à la hauteur de ce chien exceptionnel et élever des borders qui restent des borders.

• L'empreinte de Malice Bleue Hun Certain Look d'Enfer

L'histoire du border en France et, très certainement dans le monde, sera marquée de la patte de Malice Bleue Hun Certain Look d'Enfer. Malice est née le 13 mai 1992. Déjà, elle était belle au sortir du ventre de sa mère, avec un corps bien rond et une tête au pelage dit de « marcassin » ; est-il utile de préciser que son éleveuse Sandrine l'a aussitôt repérée ? À la fin du mois d'août 1992, Malice était chez moi. Dès décembre 1992, Malice commençait sa « carrière » à 8 mois ; à 13 mois nous nous envolions vers l'Argentine où elle remporta le championnat du pays et le titre honorifique de champion du monde des jeunes. L'année 1993 se révéla plus que prometteuse. Malice fit le Meilleur de race à l'exposition de Longchamp, engagée en classe jeune, elle battit les deux CACIB. Cette même année, elle remporta aussi le titre de champion de France à la Nationale d'élevage et, bien sûr, le Meilleur de race. En 1994, elle était sacrée championne d'Europe et

Le nombre de champions internationaux homologués en France et dans le monde

Années	Monde	France
1993	20	1
1994	10	0
1995	25	2
1996	17	2
1997	19	3
1998	18	2
1999	10	2
2000	18	0
2001	23	0
2002	19	2
2003	26	3

remporta là aussi le Meilleur de race. Depuis, les années se sont succédé et les victoires de Malice aussi. En 2002, son palmarès se composait de 16 titres de champion, de 210 CACIB et de 165 Meilleurs de race.

> En Grande-Bretagne

Évidemment, l'Angleterre et l'Écosse détiennent le record des naissances, environ 3 000 par an. Les élevages Orenberg, Olderhill, Mansergh, Thoraldby, Ashbrae, Badgesholme, Brumberhill, Dandyhow Farmway, Quatford, Plushcourt sont actuellement ceux qui produisent les meilleurs borders.

> En Scandinavie

La Scandinavie, notamment la Finlande, a réussi à fixer un joli compromis en obtenant un chien de bonne taille, avec une bonne ossature, mais jamais lourde, de belles encolures, ce qui implique en principe un noble port de tête et une grande élégance. Elle a su conserver cette ravissante tête de loutre qui caractérise en priorité le border. Là aussi, certains élevages sont reconnus dans le monde entier, comme Foxforest, Grindstones, Heathberry's, Olters, tout autant les Danois Borderhouse, Hjelme, et le Suédois Orvikens.

> Aux Pays-Bas et en Allemagne

Dans ces deux pays, on remarquera les élevages Roughdune, Of the Half House, Roughmoor, Kyloe's, Kiki's of Wyehawk, Malepartus.

> Aux États-Unis

Les États-Unis atteignent à peine 1 000 naissances annuelles, ce qui est peu compte tenu de la surface du pays et du cheptel canin global. Ils ont « fabriqué » un type bien à eux, généralement plus osseux, plus grand, des poitrines trop développées et des têtes moins typiques, à savoir des nez plus allongés.

Le standard du border terrier

Le mot standard est anglais, mais il trouve ses racines en France : standard est tiré du mot « estandard », d'où est tiré étendard, et veut dire le type, la norme, la référence.

Qu'est-ce qu'un standard ?

> La transmission héréditaire

Un chien de race, dont la généalogie est parfaite, ne peut avoir de rejetons absolument identiques à lui-même. La nature a prévu un nombre considérable de gènes et la transmission héréditaire complexe peut en faire réapparaître certains après bien des générations, ainsi que des mutations : une évolution de tous les êtres vivants est donc inéluctable.

> Une description du type

Chez les chiens inscrits au Livre des origines français (LOF), cette évolution est d'autant plus sensible que les animaux d'une même population de très proche parenté doivent se ressembler énormément. Néanmoins, l'inattendu est toujours au rendez-vous. Une description du « type » est donc indispensable si l'on veut éviter les dérives. Le standard est la description du chien idéal, même si celui-ci n'existe pas (tout écart doit être considéré comme un défaut et pénalisé en fonction de la gravité).

> Le vocabulaire du standard

Le texte du standard doit être le plus précis possible, même s'il ne comporte que peu de chiffres, mis à part ceux concernant la taille mesurée au garrot ou le poids. Dans cette description, on se contente souvent de dire que « la tête est plutôt petite », « le cou de bonne longueur », « les yeux de dimension moyenne », etc. Bref, les standards, et particulièrement les standards britanniques, sont « impressionnistes », laissant aux juges, aux dirigeants de clubs de race et aux éleveurs une certaine latitude d'interprétation. C'est pourquoi il n'est pas nécessaire de les réactualiser souvent. Le standard du border a été revu, pour sa traduction française, le 27 avril 1998.

> Les critiques

Il y a quelques années en Grande-Bretagne, les critiques contre les standards se sont faites virulentes, notamment de la part des vétérinaires, car on les accusait de favoriser des tares héréditaires, en exigeant comme idéal des conformations exagérées, sinon caricaturales. On leur reprochait tout autant un vocabulaire abstrait que des formulations confuses, voire des erreurs du point de vue technique. Ainsi, le Kennel Club décida finalement de revoir le 24 juin 1987 les quelque soixante-cinq textes placés sous sa responsabilité.

Le texte officiel du standard

Standard FCI n° 10/27.04.1998/F.

Traduction : Professeur René Triquet.

Origine : Grande-Bretagne.

Date de publication du standard d'origine en vigueur : 24 juin 1987.

Utilisation : terrier.

Classification FCI : Groupe 3 (terriers), section 1 (terriers de grandes et moyennes tailles), sans épreuve de travail.

> Aspect général

Essentiellement un terrier de travail, capable de suivre un cheval.

> Comportement/Caractère

Combinant activité et courage.

> Tête

La tête ressemble à celle d'une loutre.

Définition de quelques termes techniques du standard

Articulé en ciseaux

Lorsque les mâchoires sont fermées, les incisives supérieures recouvrent dans un étroit contact les incisives inférieures.

Arrière-main

Désigne l'arrière-train du chien.

Cryptorchidie

Les testicules ne sont pas descendus dans les bourses, ils restent cachés (crypto) dans le canal inguinal ou l'abdomen. Le chien cryptorchide ne peut pas procréer.

Monorchidie

Un seul testicule est descendu dans les bourses. La monorchidie, comme la cryptorchidie, est une anomalie qui se transmet héréditairement. Le chien monorchide reste généralement fertile.

Poitrine

Désigne la cage thoracique. La profondeur correspond à la longueur. Les termes « descendue » ou « étroite » font référence à la hauteur.

> Région crânienne
Crâne : Modérément large.

> Région faciale
Truffe : On préfère la truffe noire, mais la truffe couleur foie ou chair ne constitue pas un défaut grave.

Museau : Court et fort.

Mâchoires/dents : Articulé en ciseaux, c'est-à-dire que les incisives supérieures recouvrent les inférieures dans un contact étroit et sont implantées à l'aplomb dans les mâchoires. La denture juste (incisives bord à bord) est acceptable. Le prognathisme inférieur ou supérieur constitue un défaut majeur et doit être rejeté.

Yeux : Foncés, à l'expression vive.

Oreilles : Petites, en forme de « V ». Elles sont modérément épaisses et tombent vers l'avant tout contre la joue.

> Cou
De longueur modérée.

> Corps
Haut, étroit et assez long.

> Rein

Fort.

> Poitrine

Côtes bien cerclées vers l'arrière du thorax, mais pas en plein cintre, les deux mains devant pouvoir faire le tour d'un border terrier saisi derrière les épaules.

> Queue

Modérément courte et assez épaisse à la base, elle va ensuite en s'amenuisant. Elle est attachée haut et portée gaiement, mais pas recourbée sur le dos.

> Membres

Membres antérieurs : Droits, leur ossature n'est pas trop lourde.

Membres postérieurs : Bien profilés.

> Pieds

Petits, les coussinets sont épais.

> Allures

Allures dégagées permettant de suivre un cheval.

> Peau

Épaisse.

> Robe

Poil : Le poil est dur et dense et le sous-poil serré.

Couleur : Rouge, froment, grisonné et feu ou bleu et feu.

> Poids

Mâles : entre 5,9 et 7,1 kg ; femelles : entre 5,1 et 6,4 kg.

> Défauts

Tout écart par rapport à ce qui précède doit être considéré comme un défaut qui sera pénalisé en fonction de sa gravité et de son effet sur l'aptitude au travail de ces terriers.

N B : Les mâles doivent avoir deux testicules d'aspect normal complètement descendus dans le scrotum.

Commentaires au standard

> Les caractéristiques

Le border doit être robuste et savoir suivre un cheval au galop ; il est actif et courageux, c'est un chien de chasse à l'origine.

> La tête

La tête ressemble à celle d'une loutre. Elle est large dotée d'un museau court, le crâne est relativement plat, fort et large, les mâchoires sont puissantes.

> Le nez

Le nez est noir, une couleur plus claire ne constitue pas un défaut.

> Le stop

Le stop est moins accentué qu'il n'y paraît. C'est le poil hérissé des sourcils qui lui donne cet aspect très marqué.

> Les yeux

Les yeux sont foncés et expressifs, ni trop rapprochés ni trop écartés, de grandeur moyenne ; ils ne doivent pas être proéminents pour permettre le travail sans risque de blessure.

> Les oreilles

Les oreilles sont perchées en hauteur et retombent en avant près des joues. Elles ne doivent pas ressembler à celles d'un fox, ni tomber sur les yeux ou être décollées, pendantes et arrondies.

> Les mâchoires

Les mâchoires sont fortes, articulées en ciseaux et comportent 42 dents. Ne sont pas pénalisés les chiens qui ont perdu une dent au travail. Une dent mal alignée peut être tolérée. Le prognathisme est à proscrire ; la mâchoire supérieure est légèrement en avant.

> Le cou

Sa longueur est moyenne mais significative, ce qui permet au chien de remuer la tête sans gêne et d'extraire la proie du terrier. Il est fort.

> Le corps

Le corps est solide, il est profond et de bonne longueur, l'avant est assez large mais pas lourd, les côtes sont en arrière (deux mains doivent pouvoir encercler le corps juste derrière les épaules). Le border court, il a donc un grasset long et courbé, le jarret est bas, les cuisses sont longues et développées, l'arrière-main est forte, les reins sont solides et légèrement arqués, le postérieur est fort.

> Les membres

L'épaule est bien formée. L'omoplate bien inclinée. L'avant-bras est long. Les pattes sont fortes, bien droites et parfaitement d'aplomb. L'ossature n'est ni trop lourde ni trop légère. Les coudes sont libres (des coudes rentrés affectent la marche et fatiguent le chien lors du travail). Les coussinets sont foncés et épais. Le chien court propulsé par ses pattes, elles sont parallèles. Elles ne « rament » pas. On pourra

constater un défaut de mouvement en regardant l'usure des griffes et des coussinets.

> La queue

La queue n'est pas coupée. Elle est de taille moyenne en forme de carotte et droite (c'est en tirant sur la queue du border qu'on le dégage du terrier). Elle est épaisse à la base. Elle ne doit pas se recourber sur le dos. En exposition, un chien qui baisse la queue ne doit pas être pénalisé (c'est son caractère).

> La robe

La robe est très dense et est dotée d'un sous-poil épais, ce qui permet au border d'endurer les climats les plus rigoureux. Le poil est dur, sans être ras. Une épilation peut se révéler nécessaire si le chien ne travaille pas. La couleur – rouge, blé froment, gris et feu ou noir et feu – n'a pas d'importance, car seul du blanc sur les pattes est à éliminer.

> La peau

La peau est épaisse et décollée (c'est un atout pour le travail).

> Le poids et la taille

De 6,5 à 8 kg pour les mâles et de 5 à 7 kg pour les femelles.

Il n'existe pas plusieurs types de borders, les erreurs du passé ont été corrigées. À chacun aujourd'hui de travailler pour que le border reste ce chien sachant allier beauté, travail et compagnie.

LE CARACTÈRE DU BORDER TERRIER

Le border est un chien gai, bon enfant, dénué de méchanceté, très dynamique, qui ne demande qu'à partager la vie heureuse de maîtres aimants et responsables. Le standard du border s'étend beaucoup plus longuement sur ses aspects morphologiques que sur son comportement typique. Celui-ci n'est défini qu'en quelques mots : « essentiellement un terrier de travail capable de suivre un cheval, en combinant activité et courage, actif et plein d'allant. »

Le caractère terrier

> Les prédispositions ataviques

L'épanouissement physique, tel qu'il est déterminé par l'hérédité, est apparemment moins dépendant des conditions du milieu que le caractère. Il est vrai aussi que l'on a longtemps dénié toute responsabilité à l'hérédité quant à la formation du comportement. Cependant, de nos jours, on a mis en lumière de nombreuses prédispositions ataviques, qui peuvent apparaître ou non, selon l'éducation et le mode de vie du chien.

Enfin, il faut bien avouer que le monde cynophile à toujours eu tendance à privilégier les caractéristiques physiques. L'organisation des expositions canines ne permet de juger et de comparer valablement que l'apparence physique des concurrents. Il y a sans doute des spécimens qui valent mieux que leurs prestations et d'autres qui sont surévalués en raison du talent de leur mentor. Si, aujourd'hui, on se préoccupe de plus en plus de tout ce qui concerne le caractère des chiens, il n'est pas aisé d'en contrôler la sélection.

> Le groupe des terriers

Le border figure dans le groupe 3. Ce groupe, qui rassemble les terriers avec des tailles mais surtout des morphologies diverses, est remarquablement homogène sur le plan des types de caractère que l'on y rencontre. Un terrier est impétueux, entreprenant et n'est absolument pas peureux. Il est infatigable. C'est un extraverti et un passionné.

Il est aussi indiscutablement têtu, accrocheur et ne cède que difficilement. Ce dynamisme et cette intrépidité lui confèrent en même temps beaucoup de bonne humeur et d'inclination au jeu. Sachez que, trop accentué, ce type de caractère peut conduire à des sujets hargneux, querelleurs, voire agressifs. Le terrier est un animal équilibré, capable de calme et d'obéissance. De toutes les races de terrier, le border fait partie des plus calmes et reste probablement l'un des plus facile à gérer.

Le caractère du border

> Une éducation en douceur

Le border est pétillant de vie, mais il est également émotif. Par conséquent, il vaut mieux adopter la gentillesse qu'une autorité abrupte. Les grands cris ou les menaces ne serviront à rien ; au contraire ils risquent d'engendrer la

peur et non le respect. Votre border sera terrorisé et n'arrivera plus à saisir le sens de vos ordres. En revanche, la sévérité, les explications claires et la gentillesse seront toujours payantes.

Au demeurant, la hiérarchie ne lui pose pas de problèmes. N'étant pas de nature dominante, votre border acceptera volontiers la place que vous lui accorderez, et il ne sera pas utile de revenir là-dessus. Il n'y aura jamais de rapports de force entre vous. Le border n'est pas un chien retors ou compliqué et de surcroît il aime obéir. Ce qui aura été enseigné restera acquis pour la vie.

> Un excellent compagnon pour les enfants

À l'instar des terriers, il ne possède pas un caractère têtu, parce qu'il est doté d'une grande sensibilité et d'une grande réceptivité. C'est pourquoi même un enfant de 7 ou 8 ans, auquel on aura expliqué que le chien est un être vivant à part entière, avec des émotions et des besoins qu'il faut respecter, pourra prendre en charge l'éducation de son border. Les borders sont spontanément, instinctivement attirés vers les jeunes enfants. Un border choisi pour vivre au milieu d'enfants sera comblé.

Si toutefois vous n'en avez pas, ou pas encore, ne refusez pas à votre border la satisfaction d'aller dire bonjour à un jeune enfant qui le sollicite et de lui faire son tour de séduction par une tonne de mimiques et de gloussements totalement irrésistibles.

Le border est un chien charmant à tout point de vue. D'abord, sa petite taille rassure. De ce fait, il devient un chien à la portée de tous, du bambin marchant à quatre pattes jusqu'aux personnes âgées. Sa frimousse rigolote et souriante laisse toujours penser que c'est un chiot.

> Le border : un chien affectueux et dynamique

Bien que de petite taille, le border n'est pas un chien de manchon ou encore un chien-potiche. Il n'a absolument rien à voir avec un objet précieux que l'on époussette de temps en temps. C'est un chien à part entière, avec une vraie personnalité, toujours basée sur la plus grande gentillesse.

De toute évidence, le border est très joueur sans jamais se montrer brutal. Tonique et infatigable, il sait aussi se faire totalement discret à la maison. Si vous n'êtes pas disponible pour lui, il ne viendra pas vous solliciter. Observateur et réceptif, il apprend rapidement à s'intégrer et à tenir sa place sans dépasser les bornes.

Sous ses airs de dur à cuire, le border est un tendre. Mieux vaut le savoir, car si vous recherchez un chien indépendant et distant, il vaut

mieux oublier cette race. Le border a besoin d'un contact étroit avec sa famille d'adoption et se tient au courant de tout. Bébé pleure ? il court vous chercher. Quelqu'un sonne à la porte, il jappe pour vous avertir, mais sans abuser. C'est pourquoi un border peut parfaitement vivre en appartement sans indisposer vos voisins.

Si les enfants veulent faire une partie de foot, votre border se portera volontaire pour être gardien de but. Si vous êtes est un grand marcheur, ou encore un cavalier, soyez assuré que le cheval sera fatigué avant le chien.

> Un très grand sportif

Rustique et très résistant, il a toujours accompagné les hounds lors des chasses à courre. N'étant pas bas sur pattes malgré son petit volume, mais plutôt sec et musclé, le border possède toutes les qualités requises pour être un grand sportif. D'ailleurs, en Grande-Bretagne et en Écosse, beaucoup de propriétaires engagent leurs chiens dans les courses de PVL (poursuite à vue sur leurre), où ils effectuent le même parcours que celui des lévriers.

Tout ce que vous lui proposerez, le border l'acceptera avec un grand enthousiasme, ce qui est bien agréable surtout lorsque l'on sait qu'il n'est pas fugueur ; cela ouvre de plus larges horizons.

Rapide comme l'éclair et attentif à son maître, le border est le partenaire idéal pour l'agility. Les agilitystes seront ravis de découvrir un complice à toute épreuve, réalisant de parfaits parcours dans un temps record, à la stupéfaction de tous ! Certains l'ont déjà adopté et se régalent chaque week-end du plaisir partagé de concourir avec leur border. Efficace, il ne laisse rien au hasard. Obstiné, il va jusqu'au bout.

> Un passionné de jeux aquatiques

Le border aime les jeux aquatiques par-dessus tout. Adorant l'élément liquide, il va patauger dans la première flaque d'eau rencontrée, si vous lui en donnez l'autorisation. Imaginez le plaisir que vous lui ferez en le promenant sur une plage ou au bord d'une rivière ! Vous ferez de lui le plus heureux des chiens.

Le border n'est ni frileux ni peureux, ne vous étonnez surtout pas si votre chien s'allonge dans des ruisseaux par basses températures, là où, vous-même, n'oseriez pas descendre muni de cuissardes.

> Son comportement avec les autres

Lors de ses promenades, le border adore saluer tous ceux qu'ils croisent : les humains, les autres chiens. Il est en quelque sorte le roi de la courtoisie et de la convivialité.

• Avec ses congénères

Les autres chiens ne partageant pas tous ces sentiments, il est préférable, pour la sécurité de votre border, de lui apprendre à contenir ses effusions. N'étant pas bagarreur, il aura tendance à aller spontanément rencontrer le premier chien venu pour l'inviter à une bonne partie de jeu. S'il est hautement bien élevé, sympathique et d'humeur égale, le border ne se laisse pas faire pour autant. En cas d'agression par un congénère, il sait parfaitement réagir : « l'agresseur » pourrait bien être surpris par la force de ce petit « clown ». N'oublions pas que, de tout temps, le border fut employé pour traquer les blaireaux, les loutres, les renards et les sangliers, ce qui ne ressemble en rien à une partie de cricket.

À la maison, la cohabitation se passe très bien, vous devrez respecter la hiérarchie qui s'est instaurée entre les deux animaux. Servez toujours en premier le dominant que ce soit pour le bonjour, les caresses ou la nourriture…, sinon vous exposez le dominé à une correction. En bref, laissez-les se débrouiller !

• Avec les autres animaux

D'une manière générale, le courant passe bien avec les autres animaux (chats, chevaux, etc.). Vous ne devriez donc pas rencontrer de problèmes particuliers.

Les différences entre le mâle et la femelle

Il n'y a pas de différence de caractère entre un mâle et une femelle border. Beaucoup pensent qu'une femelle est plus souple ou plus affectueuse qu'un mâle. En fait, il n'en est rien, le mâle est tout aussi tendre, et la réceptivité aux ordres est identique.

Le choix du sexe n'est qu'une question de « confort personnel » ; si vous redoutez d'avoir à subir les chaleurs d'une femelle tous les six mois et si vous n'êtes pas tenté par la stérilisation, alors le choix d'un mâle sera plus judicieux, d'autant plus que les poids et tailles sont approximativement les mêmes.

Certains mâles sont parfois plus petits que certaines femelles. De toute façon, à 500 g et à 2 cm près, cela ne changera pas grand-chose !

L'important est que votre futur chiot ait été élevé dans de bonnes conditions psychologiques et d'hygiène, qu'il ait eu un contact étroit avec son éleveur dans une ambiance familiale et l'occasion si possible de côtoyer d'autres animaux. Aïnsi en arrivant dans sa nouvelle demeure, il ne poursuivra pas le chat, ne s'agrippera pas à la cage du perroquet…, car tout cela lui sera déjà familier.

L'utilité du border terrier

Le border est un excellent chien de travail et les quelques propriétaires en France qui l'ont adopté pour cette qualité n'en sont pas déçus. Il faut les entendre vanter les mérites de leur chien non seulement pour ses aptitudes au terrier, mais aussi pour la chasse du sanglier. Chien de fourrés par excellence, il passe partout, rien ne l'effraie, car déloger renards ou blaireaux demande du courage, de la résistance, de la volonté et de l'intelligence.

Un chien de travail

> Une race créée pour la chasse

Il paraît indispensable pour être complet d'aborder le sujet de la chasse, afin que chacun puisse mieux connaître ce formidable compagnon qu'est le border. Ce chien a été créé par des chasseurs et pour des chasseurs. Même si aujourd'hui le border remplit fort bien son rôle de chien de compagnie, il n'en garde pas moins son instinct de chasseur. Qui n'a pas vu arriver, au cours d'une promenade, son border avec une proie dans la gueule ?

En Grande-Bretagne, berceau de la race, le border a peu à peu été remplacé par le jack russel terrier, mais il est toujours utilisé dans des meutes ou par des passionnés de la race.

> Un travail sous terre

À l'origine, le border chassait les loutres, les visons et les blaireaux, voire les rats et les lapins. Aujourd'hui, il chasse essentiellement le renard et le vison.

Il n'y a plus de chasse aux loutres en Grande-Bretagne et la chasse aux blaireaux est interdite.

Élevé dans une région accidentée au climat rude, le border est un athlète ; pas question de le transporter sur la selle du cheval, il peut suivre un cheval au galop. Maintenant, on se déplace en voiture et les chiens sont équipés de collier émetteur. À chaque instant, le chasseur sait où se trouve son chien à l'intérieur du terrier. Le border ne doit pas tuer la proie, mais la tirer coûte que coûte hors du terrier. Il ne faut pas pour autant oublier que le chien doit donner de la voix et donc nous faire suivre l'action. Les colliers émetteurs ont l'avantage de faire gagner du temps et de permettre aussi d'intervenir rapidement pour extraire du terrier un chien qui se trouverait en difficulté. Quant aux voitures qui remplacent les chevaux, c'est certainement plus confortable mais aussi plus bruyant et beaucoup plus gênant.

À la différence des autres chiens de chasse, il est préférable d'amener son border sur le lieu de l'action. Le terrier repéré, on y introduit son chien, lorsque le gibier apparaît on ramasse rapidement son border. Inutile de préciser que le chien ressort sale, couvert de terre, de boue et porteur de l'odeur du gibier qu'il aura chassé, ce qui démontre que la couleur du border ne revêt pas une grande importance, puisque tous ressortent du terrier de la même couleur (couleur terre).

> L'APPRENTISSAGE

Le border sera initié au terrier à partir d'un an révolu, parce que, trop jeune, il aura tendance d'une part à travailler sans réfléchir et que d'autre part sa dentition définitive ne sera certainement pas assez solide.

Pour éveiller l'instinct de suivre une proie, on peut jouer en tirant un chiffon.

Il n'est pas souhaitable de faire travailler un chiot sur la chasse du lapin, s'il est destiné à chasser le renard.

Pour apprendre au chiot à pénétrer dans un terrier, vous pouvez faire entrer avant lui un chien adulte dans un terrier artificiel court et éclairé au bout par la lumière du jour. La présence d'un chien expérimenté est nécessaire pour l'émulation et c'est par étapes que l'on parvient à faire entrer un jeune dans un terrier.

Avec le temps, le chien et le maître formeront un couple qui réagira en même temps, aux mêmes bruits, et qui d'instinct détectera le trou à explorer. La chasse étant un travail d'équipe, il est donc déconseillé de lâcher son chien et de le laisser travailler seul.

> LES RISQUES

Si la chasse vous intéresse, sachez qu'elle n'est pas sans risque pour votre compagnon. Un chien peut rester prisonnier d'un terrier à la suite d'un éboulis. Le jeu en vaut–il la chandelle ? Pas si sûr ! Il peut bien évidemment être blessé. Il va sans dire que les proies ne se laissent pas extraire du terrier sans réagir. Les blessures sont souvent profondes, les déchirures aux gencives et aux pattes fréquentes. Il est indispensable d'examiner attentivement et de soigner son chien à l'issue de la chasse.

> LES SÉANCES DE TRAVAIL EN TERRIER ARTIFICIEL

Vous pourrez aussi, si le cœur vous en dit, participer avec votre border de « compagnie » à des séances de travail en terrier artificiel. Là, pas de chasse, pas de mise à mort. Ce type de manifestation reste très confidentiel. Vous devrez vous adresser au Club de race pour tout renseignement. Votre border pourra être titulaire d'un carnet de travail. Celui-ci est délivré par la SCC moyennant paiement et doit être validé par le juge spécialisé qui offi-

cie. Cette validation dépendra, bien sûr, de la qualité de la prestation fournie en séance par votre chien.

> Les séances de broussaillage

Le Club français de l'airedale terrier et de divers terriers (CFAT-DT) organise des séances de broussaillage. L'intérêt de ce travail est double : d'une part, votre chien retrouve ses racines, sa vocation première et, d'autre part, vous pourrez comparer les qualités des différents terriers et rencontrer des gens qui partagent votre passion.

Il faut observer la stupéfaction des propriétaires d'un border de compagnie élevé en ville, lorsque, confronté à son ennemi juré le renard, il retrouve immédiatement son instinct et se transforme alors en véritable terreur.

Le border se révèle être aussi un excellent chien de chasse du grand gibier (chevreuils, sangliers…), mais attention si votre animal n'apprécie pas la compagnie des autres chiens, c'est dangereux pour lui.

Un chien de compagnie

Bien que classé parmi les terriers, cela n'empêche nullement le border de se révéler un compagnon appréciable. D'ailleurs, sa première utilité est de vivre près de vous. Il s'adapte à toutes les situations et à tous les milieux, l'essentiel étant votre présence près de lui. Vous êtes sa passion !

Le border est gai, joueur et très équilibré. Il aime la compagnie des enfants et supporte les autres animaux dès lors que les présentations ont été faites dans les règles de l'art.

L'agility

> Sa création

L'agility est née en 1978, dans le cadre de l'exposition canine britannique de Crufts, la plus prestigieuse et importante manifestation du genre au monde. Ses organisateurs, qui cherchaient une nouvelle animation susceptible de faire patienter le public attendant le déroulement du Best in show (le meilleur de l'exposition, une véritable institution), se sont inspirés du jumping hippique. Ils ont alors conçu un parcours d'obstacles variés et spectaculaires, le classement des concurrents tenant compte des fautes commises sur les obstacles et du temps mis à accomplir le parcours.

> Un excellent accueil

L'idée était géniale. L'agility est apparue à la fois comme une discipline éducative et un jeu

sportif, s'appuyant essentiellement sur une harmonie entre le chien et son maître : elle fut adoptée facilement par les cynophiles pour l'image très positive qu'elle donnait du chien. Discipline passionnante et facile à suivre, le grand public lui fit un accueil triomphal, et elle se répandit rapidement en Grande-Bretagne.

> Le premier concours

En 1987, un premier concours d'agility fut organisé en France sous les auspices de la Société centrale canine (SCC). Deux ans plus tard, cette discipline fut reconnue par la Fédération cynologique internationale (FCI).

> Une discipline ouverte à tous

Elle est ouverte à toutes les races canines, des chiens plus grands (dogue allemand par exemple) aux plus petits (yorkshire terrier). Les obstacles ne mesurent pas plus de 40 à 75 cm de haut, selon les races, ce qui ne handicape pas les chiens.

Enfin, elle est ouverte à tous les clubs, qu'ils soient multidisciplinaires (clubs de dressage) ou spécialisés dans la pratique de l'agility. Tous les maîtres peuvent donc s'y essayer, quels que soient leur chien et l'endroit où ils habitent (il existe environ 350 clubs répartis dans toute la France).

Son succès fulgurant (6 ans après son démarrage officiel, on dénombrait plus de 12 000 participants) s'explique parce que l'agility est à la fois une activité éducative, de détente et sportive (seulement un quart pratique la compétition).

> Les éléments du parcours

L'agility s'exerce sur un terrain d'au moins 20 m sur 40, le parcours proprement dit ayant une longueur d'environ 100 à 200 m. Selon la catégorie, le parcours comprend de dix à vingt obstacles. On distingue les haies (simples, doubles ou triples), le viaduc, la table, la zone d'arrêt, la passerelle, la balançoire, la palissade, le slalom, les tunnels rigide et souple, le pneu, le saut en longueur, la rivière. Tous ces obstacles ne doivent présenter aucun danger pour les chiens.

> Le tracé du parcours

Le tracé du parcours est laissé à l'imagination du juge. Les conducteurs en prennent connaissance juste avant le début des épreuves, mais sans pouvoir y entraîner leur animal. Il s'agit de modifier fréquemment le tracé et la position des obstacles, de façon à éviter une mécanisation du chien.

> Une course d'adresse

L'agility n'est pas une course de vitesse, mais une course d'adresse. Le chien doit passer l'ensemble des obstacles dans un ordre prescrit, sans faire de fautes et dans la limite d'un « temps de parcours standard » (TPS), lequel est considéré comme un indice de base et non comme un critère principal.

> La répartition par taille

La répartition dans les épreuves homologuées (officielles) se fait par taille. Le nouveau règlement prévoit quatre catégories :

- A, jusqu'à 35 cm ;
- B, jusqu'à 50 cm ;
- C, au-dessus de 50 cm ;
- D, pour les molosses.

> L'obéissance

À la lecture de cette rapide présentation, on comprend qu'un certain niveau d'obéissance est nécessaire pour pratiquer l'agility. Il faut que le chien puisse évoluer sans laisse (ni collier) sous la direction de son maître. Ce n'est pas insurmontable ! D'ailleurs, les clubs d'agility sont là pour faire parvenir les équipes maître/chien à ce premier niveau. Car s'il existe des compétitions, l'agility n'en reste pas moins un sport de loisir, permettant d'éduquer tous les chiens en se distrayant. Seules un peu de bonne volonté et d'assiduité sont nécessaires.

L'agility est, sans aucun doute, la meilleure manière, et la plus motivante, d'aborder l'éducation puisque c'est aussi un jeu. Chien et maître forment une équipe soudée. Le border s'y sent à l'aise. Et malgré une sous-représentation du border, il se distingue bien souvent des autres concurrents.

L'obédience

L'obédience, officiellement reconnue sous le nom d'« obéissance » depuis le 1er janvier 1993, reste cependant une discipline méconnue en France.

> En quoi consiste-t-elle ?

Elle consiste en un parcours comprenant divers exercices : suite au pied sans laisse, debout et assis, rappel avec debout couché, envoi en avant, rapport d'objet avec saut de haie, rapport mettant en œuvre l'odorat, assis en groupe pendant 2 minutes, couché en groupe pendant 3 minutes.

C'est une discipline plus classique que l'agility, mais qui n'en est pas moins intéressante, y compris pour le public assistant à des démonstrations ou à des concours. Elle comble, d'une certaine façon, un vide : ces exercices étaient jusqu'alors pratiquement réservés aux chiens dits de garde et de défense.

> En Grande-Bretagne

L'obédience s'est structurée en Grande-Bretagne – où les sports pour les chiens de défense sont moins développés – dans les années 1920, avec pour idée directrice de prévoir des épreuves ouvertes à toutes les races et se déroulant en même temps que les concours de beauté.

Chaque année sont organisées plusieurs centaines de ces épreuves, aboutissant au titre d'Obedience Champion, auxquelles il faut ajouter divers championnats de travail, notamment celui de Companion Dog. Si plusieurs terriers ont pu s'illustrer dans ces épreuves, il s'agit néanmoins d'une discipline destinée à des conducteurs relativement expérimentés.

Bien vivre avec son border terrier

L'éducation du border terrier

Les rayons des librairies regorgent de livres sur l'éducation, le dressage et la psychologie canine. Seulement, ils concernent plus particulièrement les chiens de chasse, de défense et de berger. Faudrait-il en déduire que les terriers et les autres chiens de compagnie seraient résolument impossibles à éduquer ? Je me permets d'affirmer que non ! Pourtant les terriers, et plus particulièrement le border, ont un caractère affirmé. Néanmoins, le border est un chien docile et vous parviendrez rapidement à l'éduquer.

Une éducation sans difficulté

Notre border développe une grande sensibilité, est doté de pas mal d'empathie et son intelligence n'est plus à démontrer.

De prime abord, ce n'est pas le champion de l'obéissance. Mais compte tenu des qualités du border terrier, son éducation ne pose aucune difficulté. Nous ne devrons pas pour autant commettre d'erreur et, pour ce faire, nous nous garderons d'entretenir un rapport de force homme/chien et accorderons beaucoup plus de crédit aux rapports émotionnels. Car il faut savoir que c'est dans les rangs des terriers que l'on trouve le plus d'animaux indépendants.

Le border n'est pas le commun des terriers ; il n'est pas entièrement soumis au chef de meute que vous êtes ou que vous êtes censé représenter, même s'il ne cherchera jamais à vous en disputer la suprématie. Ne soyez jamais indifférent avec lui, vous le peinerez ; pour capter votre attention, il fera preuve d'une grande ingéniosité.

À noter aussi que ce chien est peu sensible à la douleur, qu'il est très dynamique, qu'il se passionne et s'emporte pour un rien. Sa sensibilité à fleur de peau interdit les punitions physiques, qui se révéleraient inefficaces et auraient pour conséquence de le rendre craintif, voire peureux.

> Les punitions

Comme nous venons de le voir, les punitions, qu'elles soient physiques ou morales, ne peuvent qu'apporter perturbation à l'équilibre du border. N'oubliez jamais qu'il associe les événements, il faut donc le réprimander sur le fait. Bien qu'il ait beaucoup de mémoire, il demeure incapable de faire une relation entre son comportement passé (datant d'il y a quelques minutes) et l'attitude présente de son maître.

Ne le punissez pas en l'enfermant seul dans une pièce, car vous pourrez être amené à devoir le laisser seul dans d'autres occasions et il risquerait d'associer votre absence à une punition. Sachez que pour conserver une relation harmonieuse avec votre border, il faut éviter de le punir ; juste une intonation différente suffira à vous faire écouter. Dans tous les cas, ne cédez pas et soyez plus entêté que lui si toutefois il se montrait têtu.

> Les récompenses

Plus efficaces que les punitions et surtout beaucoup plus agréables, les récompenses sont nettement préférables. Comme un chien a tendance à reproduire l'action qui a motivé la récompense, elle représente donc le meilleur moyen d'éduquer vite et bien votre chien. Pour notre border, les récompenses vont de la friandise à l'attention que vous lui portez, en passant par les félicitations et le gros câlin.

À chaque bonne action correspond une récompense. Pour mener à bien l'éducation, il nous faut employer des mots simples, courts et toujours les associer aux mêmes gestes ou ordres. Notre vocabulaire devra être limité, un chien ne peut pas mémoriser des centaines de mots.

Bien sûr, l'éleveur qui vous cédera un chiot sera toujours disponible pour vous conseiller. Lors de l'achat déjà, il vous aura dépeint les émotions essentielles de votre chiot (timide ou déluré, indépendant ou non, exubérant ou effacé). Une bonne éducation s'assied sur des bases solides et s'inculque par étapes.

Les étapes de la vie d'un chiot

La période de croissance du chiot est très rapide comparée à celle de l'homme. Elle se compose de plusieurs étapes.

> La première étape

La première étape, de la naissance à 10 jours, correspond à une vie léthargique. Le chiot est aveugle, sourd et sans odorat. Son activité essentielle consiste à dormir.

> La deuxième étape

La deuxième étape, qui s'étend de la deuxième à la troisième semaine, voit les sens du chiot se développer.

> La troisième étape

La troisième étape, certainement la plus importante, de 20 jours à 2 mois, correspond à la période de socialisation et d'« imprinting » (phase d'empreinte). Durant cette période, le chiot doit vivre avec ses congénères et au contact des humains. Privé des uns ou des autres, il ne subirait qu'une seule empreinte, ce qui le rendrait très malhabile, voire agressif, envers l'espèce inconnue.

La phase de l'imprinting est donc fondamentale et déterminante pour l'équilibre du chiot. Pendant cette période, le chiot vivra avec sa mère, ses frères et sœurs. Chaque jour, l'éleveur aura soin de le prendre dans ses bras, de jouer avec lui, de le caresser, de lui parler, de lui

L'évolution du chiot

Jusqu'à ce que ses yeux s'ouvrent, le chiot vit en totale dépendance de sa mère. Vous devez lui assurer un « dodo » toujours propre.

- Vers 10 jours, il ouvre les yeux et les oreilles et commence à ramper.
- À 3 semaines, il commence à manger dans l'assiette de sa maman, à qui vous donnerez, de préférence, une alimentation finement hachée ou en bouillie.
- À 4 semaines, il se déplace dans le petit espace que vous lui avez attribué. Cet espace ne doit pas être glissant. Le chiot ne sera pas isolé, il doit faire l'apprentissage de la vie au milieu de ses frères et sœurs, avec sa mère, ainsi que des hommes. C'est le moment de commencer les câlins et les jeux.
- À 2 mois, il commence à se séparer de sa mère. Cette séparation doit se faire en douceur et vous prendrez le relais. Petit à petit, sa dentition va sortir et vous introduirez des aliments plus solides dans ses rations.
- De 2 à 3 mois, vous démarrez son éducation en lui inculquant les premières notions de propreté en lui parlant et en jouant avec lui. Vous lui faites découvrir la vie en société.
- À 3 mois, il trouve un maître pour la vie qui continuera, en douceur mais fermement, son éducation.
- À 12 mois, son caractère est affirmé et, bonnes ou mauvaises, ses qualités seront là *ad vitam æternam.*

faire entendre les bruits de la civilisation moderne et de lui faire découvrir, avec tous ses sens, l'intérieur d'une maison.

> La quatrième étape

Entre 2 mois et demi et 12 mois, le chiot atteint la phase dite juvénile. C'est alors le moment d'éduquer votre border, éducation qui aura été largement amorcée par l'éleveur.

L'arrivée du chiot à la maison

Le border terrier est un chien tendre et quelque peu émotif durant sa vie de chiot. Il est donc indispensable qu'il ait eu une relation étroite et heureuse avec son éleveur. Pour ce faire, rien ne vaut des conditions d'élevage dites « familiales ».

> Un chiot épanoui

Un chiot né en chenil, issu de parents vivant au chenil, sera beaucoup moins épanoui et plus réservé car il n'aura pas réellement goûté aux joies de la maisonnée et ignorera tout des usages familiers. Il s'adaptera cependant à ses nouvelles conditions de vie, mais ce sera certainement bien plus long et aussi plus difficile. Pour qu'il se sente bien dans sa nouvelle maison, il faut que le chiot soit bien dans son élevage, qu'il soit gai, drôle, sociable et accoutumé déjà aux plaisirs des caresses. Un chiot frétillant spontanément est un chiot qui a toutes les chances d'avoir été cajolé dans sa petite enfance. Cajoler ne veut pas dire couver ; ce même chiot doit aussi se mouvoir très aisément dans le jardin dès la première heure de sortie, si le temps le permet. Il ne connaît pas la peur et ne craint donc pas encore les mauvaises rencontres, mais il part plutôt à la conquête, à la découverte du monde. Avec quelle joie et quelle hardiesse il hume les fleurs, broute quelques brins d'herbe, fait des sauts de cabri, des roulés boulés sans fin pour enfin s'étendre « en grenouille », une position typiquement terrier !

> Les bonnes habitudes

Présentez au chiot sa nouvelle demeure, ainsi que ses nouvelles affaires : un panier pour dormir, une gamelle et l'indispensable journal pour les premiers pipis. Placez-les dans un coin tranquille, non visible mais pas isolé : la cuisine semble un endroit idéal. À trois mois, votre chiot ne sera pas encore propre, même si l'éleveur lui a inculqué déjà quelques notions. Vous devez poursuivre son éducation. Évitez tapis et moquette dans un premier temps, bébé border risque d'y faire quelques petits pipis.

Si vous bénéficiez d'un jardin, l'affaire se réglera rapidement. En effet, vous n'aurez qu'à ouvrir la porte au maximum deux fois par jour, tout en l'accompagnant et tout ira bien.

En revanche, l'acquisition de la propreté en appartement est un peu plus longue, car il faut quelques minutes d'organisation avant de sortir le chiot et, les premiers jours, le pipi est déjà fait avant que l'on ait eu le temps de lui passer son collier et sa laisse. Le papier journal est donc très pratique. Généralement éduqué comme cela chez son éleveur, notre border ira spontanément sur sa feuille de journal. Inutile de tapisser tout l'appartement, réservez-lui seulement une surface restreinte dans un endroit calme et carrelé. Le système du journal dans une caisse à litière pour chat fonctionne à merveille, la litière peut être déplacée ou placée sur une moquette, il n'y a aucun risque… de fuites.

Pour rendre le chiot propre dès son réveil et après les repas, sortez-le. Vous ne le gronderez que si vous l'avez trouvé en « flagrant délit », sinon votre chien ne comprendra pas votre réaction.

> Les premiers repas

Laissez toujours à sa disposition un bol d'eau fraîche. Le premier jour, ne vous inquiétez pas si votre border refuse de manger ou s'il est un peu perturbé. Ne changez pas radicalement son alimentation ; l'éleveur vous aura sans doute donné quelques échantillons de sa nourriture habituelle, que vous devrez utiliser. Puis, petit à petit, vous pourrez confectionner les repas de votre choix.

> La première nuit

Elle risque d'être animée. Le chiot va vous tester. Vous l'entendrez gémir, pleurer. Assurez-vous de lui avoir donné tout ce qu'il lui faut et résistez à ses appels, n'en faites pas un chien capricieux. Par la suite, vous pourrez placer son panier au salon ou dans votre chambre. Attention, un chiot n'est pas un jouet : veillez sur son repos et ne le manipulez pas sans arrêt.

Comme nous l'avons vu, le chiot aura déjà ses habitudes et ne vous étonnez pas si celui-ci vous réveille à une heure inhabituelle pour vous, elle correspond très certainement à l'heure à laquelle se réveillait son éleveur. Alors patience, il prendra très vite votre rythme.

> Son nom

Vous lui choisirez son nom. Veillez à ce qu'il soit simple et sans ressemblance avec les mots que vous utiliserez pour lui donner des ordres. Ce nom doit attirer son attention, alors ne le prononcez pas cinquante fois par jour, surtout lors de conversations qui ne concerne pas le chiot. Car il finirait par attendre un signe plus tangible de votre part pour lever la tête.

> Le « non »

Le premier mot qu'il devra comprendre, c'est « non » ! Le chiot doit impérativement obéir à ce mot. C'est la base de votre contrôle sur lui. Il intégrera beaucoup d'autres mots, tels que « en voiture », « on sort », « au dodo », « à manger », « viens vite », etc. Sachez que, plus que les mots, ce sont les intonations de votre voix qui comptent. Vos gestes et votre attitude sont également très importants.

L'apprentissage de la propreté

L'éducation de notre border commence par l'apprentissage de la propreté. Un chiot de 3 mois devient propre très rapidement. Dans un premier temps, utilisez des journaux ou des serpillières et sortez-le dès son réveil, après chaque repas et après chaque partie de jeux.

> Une petite récompense

Surtout, n'oubliez pas de le récompenser lors du pipi au-dehors. En revanche, ignorez-le s'il urine ou défèque de retour à la maison. Nous avons vu précédemment que l'attention que vous lui portez est une récompense pour lui, aussi ne nettoyez pas ses salissures devant lui.

Pour les tapis et les moquettes, vous pouvez employer immédiatement de l'eau gazeuse, qui est un très bon absorbeur d'odeur. Cependant, vous serez obligé de procéder à la désinfection de ces tapis et moquettes souillés.

> Comment procéder

Un chien, ou même un chiot, ne salira jamais l'endroit où il dort ; à vous de lui faire comprendre que c'est toute la maison qu'il doit considérer comme son panier.

Si vous avez opté pour le papier journal ou la serpillière, rapprochez-les graduellement, mais assez rapidement de la porte, sinon votre border pourra rester des heures dehors et, malgré tout, rentrer faire ses besoins à la maison. Vous aurez été dans l'erreur et vous mettrez un certain temps à inculquer une nouvelle habitude à votre border.

> Soyez attentif

Le meilleur conseil que l'on peut donner, c'est de porter beaucoup d'attention à votre border et de le sortir dès que vous pressentez l'arrivée d'un pipi (en général, l'animal tourne en rond le nez à terre). La première semaine, ne laissez pas de bol d'eau près de lui la nuit, il boirait pour s'occuper et serait incapable de se retenir jusqu'à sa sortie matinale. Ne le frappez pas, ne criez pas, vous le rendriez nerveux et cette attitude pourrait vous valoir une nouvelle inondation. Ne lui mettez jamais « le nez dedans » d'une part parce que c'est une méthode détestable et d'autre part parce que vous risquez de perdre sa confiance.

> Les pipis de nuit

La première nuit s'annonce et chacun redoute les pleurs de détresse de son petit border. Que faire ? Le laisser dormir dans la cuisine, le prendre avec vous dans la chambre avec sa corbeille ou encore lui autoriser votre lit ? Je dirais que ceci est une affaire personnelle, certains ne supportent pas un chien dans un lit et d'autres ne peuvent s'en passer. Alors ? Si vous sentez l'irrésistible désir ou le besoin de dormir avec votre nouveau compagnon, eh bien, faites-vous plaisir et accueillez-le ! Il sera ravi. De toute façon, cela ne remettra pas en question l'éducation et la discipline que vous lui inculquerez. Le border n'est pas un chien dominant, il a juste besoin d'amour, d'attention et d'être en symbiose avec son maître. Je connais beaucoup de propriétaires de borders qui dorment avec leur chien et, croyez-moi, cela n'a jamais remis en question leur autorité sur eux.

Le chiot dormant avec ses maîtres deviendra plus vite propre la nuit que s'il dort seul dans la cuisine. En effet, au contact de ses maîtres, il s'endormira profondément, car il sera rassuré par leur odeur, alors que, seul dans la cuisine et encore inhabitué aux bruits de son nouvel environnement, le chiot se réveillera plusieurs fois dans la nuit et, bien sûr, se soulagera sur le papier journal… Cependant, les choses se passent relativement vite avec un border, surtout si l'on est vigilant. Un chiot arrivant à 2 mois chez vous pourra être propre à 2 mois et demi.

> Une astuce

Pour les nuits, il existe un compromis entre la chambre à coucher et la cuisine. Si vous craignez qu'il inonde votre moquette 100 % pure laine, laissez-le dans la cuisine en prenant soin de glisser dans son panier un tee-shirt que vous aurez porté, le chiot s'y blottira et y retrouvera ainsi votre odeur.

Les premiers ordres

> L'importance de la laisse

Vers 3 ou 4 mois, faites commencer l'apprentissage de la promenade en laisse à votre border. Il faut lui faire comprendre que la laisse fait partie de sa vie. Au départ, vous organiserez de courtes sorties dans des endroits calmes et, surtout, sans foule. Emportez avec vous une récompense, telle qu'un petit gâteau, un jouet, etc. Ne tirez jamais sur la laisse, votre chiot tirerait dans le sens opposé. Initiez-le à marcher en lui parlant, le mieux étant d'avoir quelqu'un avec soi qui l'appelle. Laissez-le choisir sa direction, ne le laissez pas tirer sur sa laisse, mais ne le tirez pas pour autant, ainsi vous éviterez d'avoir un chiot « freinant des quatre fers ». De retour à la maison, il prendra son repas toujours avec sa laisse que vous continuerez à tenir. Ainsi, le chien associera promenade en laisse et récompense.

> Les principales expressions

Passé l'âge de 6 mois, les promenades en ville pourront commencer. Pour que votre border réponde à vos ordres, il vous faudra toujours utiliser les mêmes mots associés à un même geste pour un même ordre. En appuyant légèrement sur le dos de votre chien, à la naissance de la queue, pour le maintenir assis, vous lui direz « assis ». De cette façon, il associera le terme « assis » avec la position assise. Il assimilera ainsi chaque ordre. Pour « coucher », apprenez-lui au moment où il a décidé de se coucher. N'oubliez pas de le récompenser, mais n'attendez pas qu'il vienne se faire féliciter.

Gardez à l'esprit que ce n'est pas votre chien qui vous promène, mais vous qui le promenez. Le chien doit revenir au pied sur votre simple demande. Pour ce faire, vous le lui apprendrez très jeune : vous vous cacherez et vous l'appellerez par son nom en lui disant « viens » ; comme il n'aime pas être seul et qu'il aura eu peur de vous perdre, il reviendra vite.

Enfin, vous devrez lui apprendre le « stop » ou « pas bouger », ordre très utile, lors de promenades à la campagne. En effet, lorsqu'une voiture arrive, votre border saura rester immobile et ne tentera pas de vous rejoindre au risque de se faire écraser. Cet ordre s'apprend

pendant des séances de toilettage pour les chiens d'exposition, qui doivent rester de longues minutes en position statique au cours des jugements.

Nous vous conseillons de toujours promener votre border en laisse, même si vous lui avez appris à marcher au pied. Surtout, ne prenez pas le risque d'un accident ; évitez, par conséquent, les laisses à enrouleur, qui ne permettent pas d'intervenir, lorsque votre chien se trouve à 4 m de vous.

Marcher en laisse/au pied

Très rapidement, vous pourrez initier votre border à la marche avec ou sans laisse. Très attaché à son maître, et ce dès les premiers jours chez vous, il vous suivra instinctivement partout. Veillez à ne pas lui marcher sur les pattes car, à cet âge, ils sont particulièrement pots de colle ! Faites-lui faire ses premiers pas sans laisse dans votre jardin ou dans un endroit qui lui deviendra familier. Puis, enhardissez-le en forêt, dans des allées dégagées, calmes et non fréquentées, vous remarquerez alors qu'il ne s'éloigne pas de vous. Il reniflera tout ce qu'il rencontrera, mais gardera toujours un œil sur vous.

> Le choix du collier

Lorsque vous revenez de promenade, attachez-le systématiquement en laisse pour éviter les accidents, si vous devez vous rapprocher à pied des routes ou d'une rue. Utilisez un collier de préférence en cuir rond (pour ne pas abîmer son poil), mais évitez les harnais ! Ils incitent

les jeunes chiens à tirer sur leur laisse et déforment leurs coudes et leur font des avant-bras de bulldog.

> Un dernier conseil

Encore une fois, je ne saurai que trop vous recommander d'attacher votre border en laisse, systématiquement, chaque fois que vous sortez dans la rue. D'une part parce que c'est une obligation et d'autre part parce que l'on n'est jamais à l'abri d'un incident pouvant distraire votre jeune chien et lui faire traverser la rue. Trop de drames arrivent par simple négligence, après il est trop tard pour émettre des regrets.

La solitude

Pour peu qu'il ait ses jouets, son dodo et la radio, votre border supportera la solitude, étant entendu qu'il ne restera pas seul durant de longues heures. Vous lui apprendrez à ne pas aboyer, voire hurler pendant votre absence, ce qui pourrait gêner le voisinage. Pour ce faire, après être sorti, vous resterez près de chez vous quelques instants et, dès le premier aboiement, vous entrerez le réprimander. Trois ou quatre séances devraient suffire pour qu'il n'aboie plus en votre absence.

À votre retour, assurez-le de votre tendresse en le caressant et en jouant avec lui. Ainsi, le chien comprendra que votre retour est synonyme de joie et saura vous attendre à chacune de vos sorties.

Les voyages

> En voiture

En général, le border supporte bien les voyages en voiture. Il est calme et adore voyager avec ses maîtres et, de surcroît, il n'est pas malade. Pour l'habituer, commencez par faire de courts trajets. Votre border apprendra à se tenir assis sur le siège à côté de vous, à ne pas vous déranger et à ne jamais monter ou descendre de voiture sans y avoir été invité. Soyez particulièrement vigilant sur ce dernier point. Pendant les longs trajets, vous devrez observer des pauses afin que votre border se dégourdisse les pattes. N'oubliez pas de lui donner à boire.

> En bateau

Notre petit border a aussi le pied marin, ce qui rassurera et encouragera les amoureux des bateaux à le prendre avec eux.

> En avion

Quant aux transports aériens, votre border se fera un plaisir de découvrir le monde à un étage supérieur. Curieux de tout, il est ouvert à toutes propositions !

Pour votre sécurité, la sienne et aussi par obligation, il devra voyager en caisse de transport (kennel). Rassurez-vous, ce n'est pas une prison ! Le mieux est de l'habituer tout petit à se familiariser avec ce type de cage. Initiez-le à celle-ci par le biais du plaisir. Par exemple, mettez-le dans la cage pour ses repas, cela ne durera que 2 ou 3 minutes au plus ; ainsi, cette caisse sera liée à un plaisir et donc en aucun cas votre chiot ne la prendra comme une punition.

Proposez-lui aussi de temps en temps un os de veau à ronger. Pour votre chien confortablement installé dans sa cage, elle deviendra vite synonyme de refuge, de tanière, là où personne ne peut pénétrer sauf lui ; il s'y sentira en totale sécurité. Si vous laissez cette caisse dans votre appartement, vous vous apercevrez vite que votre chiot ira se coucher à l'intérieur, lorsqu'il aura envie d'être tranquille, à l'instar de son panier.

Elle est aussi une excellente façon de s'imposer – dans n'importe quel hôtel grand luxe – avec son chien, sans crainte que celui-ci y fasse quelques bêtises durant votre séjour.

La santé du border terrier

Nul doute qu'une fois acheté, votre border sera en bonne santé, ce qui ne vous dispensera tout de même pas de consulter le vétérinaire.

La première consultation

En effet, une première visite chez le vétérinaire s'impose, de préférence dans la semaine qui suit l'achat. Le praticien examinera votre border sous toutes les coutures et ne manquera pas de détecter les carences ou les autres besoins, de vermifuger par exemple. D'une manière générale, le terrier est un chien robuste et le border n'échappe pas à la règle, ce qui ne veut pas pour autant dire qu'il soit exempt de soins. Il doit être maintenu dans de bonnes conditions d'hygiène.

Vous devez suivre attentivement le protocole de vaccination et celui de la vermifugation. À l'instar de beaucoup d'autres races, le border n'a pas développé de maladie particulière à sa race. Gageons que les éleveurs sauront poursuivre la sélection tout en pérennisant la bonne santé de notre border et en l'exemptant des tares, comme la dysplasie rencontrée chez le dogue de Bordeaux, la luxation des rotules chez le york, etc.

Les vaccinations

C'est entre 6 et 8 semaines que votre border aura été vacciné (primo-injection) contre la maladie de Carré, l'hépatite, la leptospirose et

Les vaccinations

Maladie	Primo-injection	1er rappel	Rappel
Carré	7 semaines	moins de 1 mois	moins de 1 an
Hépatite	7 semaines	moins de 1 mois	moins de 1 an
Leptospirose	7 semaines	moins de 1 mois	moins de 1 an
Parvovirose	7 semaines	moins de 1 mois	moins de 1 an
Rage	3 mois	moins de 1 mois	moins de 1 an
Toux de chenil	7 semaines	moins de 1 mois	moins de 1 an
Piroplasmose	2 injections la 1re année		1 rappel par an

la parvovirose. Un mois après cette première injection (CHLP), un rappel sera effectué. Vous pourrez à cette occasion faire pratiquer la première injection antirabique, un rappel ensuite sera pratiqué dans un délai d'un mois.

Soyez très attentif, les rappels se font chaque année (un an de date à date) ; passé ce délai vous êtes contraint de refaire la primo-injection et le premier rappel un mois après. Pour une immunité parfaite, votre border devra être vacciné à trois mois. Avant sept semaines, les anticorps transmis par la mère neutralisent les vaccinations.

Les maladies

Les maladies infectieuses sont contagieuses et peuvent être mortelles, d'où l'importance de faire vacciner votre chien.

> La maladie de Carré

Elle atteint plus particulièrement les chiens de moins de 2 ans, mais peut frapper à tout âge. Le chien a de la fièvre, il refuse la nourriture, son poil devient terne, ses yeux et son nez coulent et il tousse bruyamment. Une paralysie peut s'installer et le chien présente des troubles nerveux irréversibles. À ce stade, l'évolution est souvent fatale.

> L'hépatite

Voisine de la maladie de Carré, l'hépatite présente des symptômes ressemblants. Le traitement est le même. Le chien présentera pendant dix à vingt jours une cornée opacifiée (kératite bleue).

> La leptospirose

C'est une maladie transmise par les rats, les mulots et les souris. C'est très souvent en léchant les déjections de ces derniers ou d'un congénère contaminé que votre chien attrapera cette maladie très grave. Il peut aussi être contaminé en buvant de l'eau dans des mares ou dans des flaques. Il existe trois formes cliniques de la maladie :

– dans sa forme digestive, votre chien est victime de vomissements, de diarrhées hémorragiques ; il a de la fièvre, compliquée par une insuffisance rénale, une myocardite, des lésions oculaires et encéphaliques. La mort survient rapidement ;

– dans sa forme rénale, les urines sont foncées et rares, le taux d'urée est très élevé ;

– dans sa forme hépatique, vous constaterez l'apparition d'un ictère jaune-orangé.

Attention, la leptospirose est dangereuse pour l'homme.

> La parvovirose (gastro-entérite à parvovirus)

Maladie contagieuse d'évolution rapide, dont l'incubation dure entre trois et quatre jours. Elle se révèle mortelle si le chien ne reçoit pas les soins nécessaires très rapidement.

Les symptômes sont des vomissements ; le chien est prostré et ne s'alimente plus, il souffre de diarrhées hémorragiques et se déshydrate.

La parvovirose atteint plus particulièrement les jeunes chiens âgés de six à douze semaines.

> La piroplasmose

La piroplasmose est une affection parasitaire, infectieuse, inoculable et non contagieuse, due à un protozoaire *(Piroplasma canis)* vivant dans les hématies. Ce parasite est transmis par les tiques. L'affection est donc géographiquement liée à l'existence de ces Ixodidés.

La piroplasmose revêt également, pour cette raison, un caractère saisonnier (printemps et fin de l'automne-hiver).

Cliniquement, cette maladie se traduit par un syndrome hémolytique, avec anémie, évoluant de manière aiguë ou chronique.

Les symptômes principaux sont :

– une hyperthermie qui ne persiste qu'au début de l'affection (environ vingt-quatre heures) ;

– une inappétence ;

– un abattement ;

– des troubles locomoteurs ;

– une anémie ;

– des signes urinaires : bilirubinurie, hémoglobinurie.

En l'absence de soins, un ictère apparaît. L'évolution, en dehors de tout traitement, se fait vers le coma, puis la mort.

Des complications peuvent survenir et les formes atypiques ne sont pas rares. Le diagnostic clinique est généralement facile. La saison et l'aire géographique sont de bons facteurs d'orientation. Le diagnostic de laboratoire se fait par la mise en évidence des parasites dans les hématies, sur frottis colorés.

Cette affection parasitaire grave se loge dans les globules rouges et les détruit. Si vous ne consultez pas un vétérinaire dès les premiers signes de la maladie, votre border gardera des séquelles, telles que des insuffisances rénales et hépatiques.

> La rage

Les symptômes sont ceux de la maladie de Carré, de l'encéphalite bactérienne et des affections médullaires. L'incubation est très variable. Votre animal aura des troubles de comportement, des accès de fureur, sa voix sera modifiée, il sera victime de convulsions et de paralysie. L'évolution de la maladie conduit à la mort.

> L'herpès

Mortel chez le chiot, il se manifeste par des vomissements, des diarrhées et des troubles nerveux.

> La leishmaniose

La leishmaniose est une protozoose infectieuse, d'évolution lente (plusieurs mois généralement). Elle est due à la présence et à la multiplication dans l'organisme d'un protozoaire *(Leishmania donavanie)* parasite des globules blancs.

Ce parasite est transmis au chien par un moustique : le phlébotome. Elle sévit de manière endémique sur tout le littoral méditerranéen, la Provence et également dans quelques foyers isolés (Rhône).

L'incubation peut être longue : de trois à dix-huit mois. Au début, les symptômes sont peu significatifs : adynamie, hyperthermie modérée et irrégulière et parfois épistaxis (saignement de nez).

Une fois que la maladie est déclarée s'installent :

– des manifestations cutanées : dépilation, parakératose, allongement anormal des ongles et ulcères cutanés, souvent surinfectés ;

– des manifestations viscérales : adénopathies, splénomégalie et amaigrissement (surtout des muscles crotaphytes : tête de vieux).

La leishmaniose est une affection grave qui évolue vert la mort à partir du moment où l'atteinte viscérale est nette.

Le diagnostic clinique est généralement aisé. Des examens de laboratoire (sérologie) le confirmeront.

Un traitement est possible, mais l'animal reste toujours porteur de parasites et les rechutes sont fréquentes.

> La toux de chenil

La toux de chenil est une trachéite, associée à une laryngite et à une bronchite.

Une toux quinteuse et forte apparaît. Le chien présente des sécrétions nasales et oculaires. Il existe des traitements antibiotiques efficaces.

Les parasites

> Les parasites internes

Les parasites internes doivent être éliminés à l'aide de vermifugations. Les cycles biologiques des vers digestifs sont complexes, d'où la difficulté parfois de s'en débarrasser. Là encore soyez vigilant, à l'âge adulte vermifugez une fois par an votre chien.

• L'ascaridiose

L'ascaridiose est une helminthose, due à la présence, dans l'intestin grêle du chien, d'un nématode adulte appartenant à la famille des ascarides : *Toxocara canis.*

Ce nématode mesure de 5 à 12 cm et possède une paire d'ailes céphaliques en fer de lance. Non hématophage, il se nourrit de chyme intestinal (glucides surtout). Les femelles, très prolifiques (important pour le diagnostic coproscopique), pondent des œufs qui sont éliminés dans un milieu extérieur avec les fèces. Ces œufs évoluent et deviennent infestant pour un nouvel hôte (10-15 jours).

Ingéré par un hôte réceptif, l'œuf éclôt dans le tube digestif en libérant une larve qui va accomplir des migrations dans l'organisme et se localiser, par exemple, chez la femelle dans différents tissus en fonction de son état hormonal.

Femelle ni en gestation, ni en lactation : localisation dans les muscles, reins, encéphale, foie, poumons.

Femelle en gestation : localisation au niveau du fœtus après être passé au travers du placenta ; localisation dans la mamelle puis dans le lait.

L'animal jeune peut donc être contaminé *in utero* ou dès les premières tétées, ce qui explique la fréquence élevée de l'ascaridiose chez les animaux de 2 mois et demi, 3 mois.

Cliniquement, l'ascaridiose imaginale est le plus souvent discrète, elle est révélée généralement par le rejet de parasites avec les manières fécales (remarqués par le propriétaire) ou lors de vomissements.

Des troubles digestifs (dyspepsie, diarrhée, tympanisme, obstruction), nerveux (crises épileptiformes) et osseux (rachitisme) peuvent se développer si l'infestation est massive ou si les animaux ne sont pas systématiquement traités.

Le diagnostic repose sur la présence de vers adultes rejetés dans les matières fécales ou sur la mise en évidence des œufs qui sont caractéristiques.

• La trichurose

La trichurose du chien est une affection parasitaire cosmopolite, due à un nématode de 4 à 7 cm de longueur, ayant une forme de fouet : *Trichuris vulpis* (famille des Trichuridés). Ce parasite hématophage vif à l'état adulte se fixe à la muqueuse du colon et du cæcum.

L'affection atteint les animaux de tous les âges, avec, cependant, une fréquence plus élevée chez les jeunes. Les parasites exercent une action spoliatrice (hématophagie), toxique, traumatique et bactérifère qui se traduit cliniquement par des symptômes :

– d'anémie ;

– digestifs : diarrhées quelquefois striées de sang, coliques ;

– des troubles de la reproduction : stérilité, impuissance ;

– généraux : dégradation de l'état général et état fébrile dans les fortes infestations.

Ces symptômes ne sont pas constants et parfois seul un état d'hyponutrition est observable.

D'autres symptômes, anatomiques ceux-là, peuvent apparaître : la trichurose se caractérise par des lésions du cæcum et du colon.

En premier lieu se révèle la présence de vers adultes implantés dans la muqueuse par leur extrémité antérieure amincie. La paroi des organes est le siège d'une thyplocolite catarrhale.

Cette affection peut-être grave lors de fortes infestations. Elle peut alors entraîner la mort.

Les symptômes énumérés doivent conduire le praticien à confirmer le diagnostic par la mise en évidence d'œufs caractéristiques du genre *Trichuris* (bouchons polaires) dans les matières fécales.

Un traitement spécifique peut être mis en place, associé à des mesures de prophylaxie.

• La dirofilariose

La dirofilariose cardio-pulmonaire du chien est une affection due à un nématode de la famille des Filariidés : *Dirofilaria immitis.*

À l'état adulte, ce parasite se localise essentiellement dans le cœur et l'artère pulmonaire. C'est un ver rond, de 12 à 30 cm de longueur, sur environ 1 mm de diamètre.

Cette affection se rencontre essentiellement dans les lieux peuplés par les vecteurs. En France, on la rencontre surtout dans les régions humides : Dombes, Camargue, Roussillon, Sologne.

Les symptômes, peu caractéristiques, se mettent en place très progressivement (amaigrissement, toux, essoufflement).

Le traitement est possible (mais difficile) par action soit sur les microfilaires, soit sur les parasites adultes. En prévention, il existe un médicament antiparasitaire à administrer tous les mois durant la période à risque.

• Le téniasis

Le téniasis du chien est une helminthose due à différentes espèces de cestodes vivant dans l'intestin grêle.

Les hôtes intermédiaires qui interviennent dans le cycle évolutif du parasite peuvent être les moutons, les ruminants, les porcs, les lapins, les puces et les poux.

Les parasites exercent une action traumatique (crochets et taille du ver), spoliatrice (fonction de l'espèce) et toxique se traduisant par des symptômes peu accusés : parfois de l'anémie, de la dysphagie et de l'entérite.

Le diagnostic est souvent posé par le propriétaire lui-même qui a remarqué dans les selles ou les vomissements la présence de segments du parasite. Le signe du traîneau a une certaine valeur diagnostique d'orientation (inflammation des glandes anales, provoquée par l'enfoncement de segments dans ces glandes). Il convient de réaliser alors un examen coproscopique pour confirmer cette suspicion.

> La vermifugation

Pour éviter l'infestation de votre border, vous devrez vermifuger le mâle adulte deux à trois fois par an et avant qu'il n'effectue une saillie. La femelle adulte, quant à elle, sera traitée au premier jour des chaleurs, ainsi qu'avant et après la mise bas.

Les chiots seront vermifugés vers l'âge de 10 jours et chaque mois jusqu'à l'âge d'un an. L'éleveur aura pris soin de les vermifuger une semaine avant la première vaccination.

Rien n'est plus banal que de vermifuger. Mais attention, rien n'est plus dangereux que d'utiliser un produit inadapté. Consultez un vétérinaire qui prescrira un vermifuge adapté pour votre chien. Lisez attentivement la notice d'utilisation du vermifuge et suivez ce qui est prescrit. Soyez particulièrement vigilant quant aux dates de péremption.

Les parasites externes

> Les puces

Ce parasite temporaire est responsable de la plupart des allergies et des eczémas. Le chien souffre de démangeaisons, il se gratte, se mord ; très rapidement apparaissent des plaques d'eczéma, des croûtes et une perte de poils. Il convient de traiter l'animal, mais aussi son environnement.

En effet, ce parasite ne vit pas en permanence sur le chien : la puce fait des œufs dans les parquets, les tapis ou le panier du chien. Pour en venir à bout, il faudra choisir un traitement antiparasitaire. Pour cela, il faut demander conseil à votre vétérinaire. En effet, mal utilisés, ces produits peuvent avoir de graves conséquences et provoquer des allergies. En prévention, votre vétérinaire pourra vous orienter sur des produits très efficaces.

> Les poux

Moins répandus que les puces, les poux restent en permanence sur l'animal. La peau est irritée et présente des pellicules. Des lentes sont collées sur la base du poil. Le traitement est le même que pour les puces.

> Les tiques

La tique est un parasite très dangereux, car elle peut transmettre à votre chien des maladies parasitaires graves : la piroplasmose, maladie de Lyme… Au printemps et à l'automne, brossez votre border après chaque sortie dans l'herbe. Il existe dans les magasins spécialisés des appareils adaptés pour ôter les tiques. Autrement, enlevez les tiques à l'aide d'une pince à épiler, après les avoir préalablement endormies avec de l'éther.

Hormis le risque important des maladies, le rôle pathogène des tiques est discret car, généralement, elles ne provoquent pas de démangeaisons.

Les lésions de la peau qu'elles occasionnent sont peu prurigineuses, bien localisées au point de fixation. Ces lésions évoluent fréquemment vers la formation d'un petit abcès.

Tableau des vermifugations

La lice	avant les chaleurs avant et après la mise bas
Le chiot	à 10 jours à 1 mois, à 6 semaines, à 8 semaines une fois par mois de 2 à 8 mois puis de 2 à 3 fois par an adulte

> La gale

Il existe trois sortes de gale.

• La gale notoédrique

Appelée également gale des oreilles, c'est une affection bénigne, mais très contagieuse. Ces acariens causent un prurit et produisent un cérumen noirâtre et malodorant.

La gale notoédrique est une affection due à des acariens psoriques *(Notoedres cati)* du chat, qui peuvent, exceptionnellement, passer chez le chien. Ce point est important à connaître pour l'épidémiologie de cette acariose.

Cette affection, peu prurigineuse, est localisée surtout à la tête et aux membres. On note des lésions de calvescence (pelage mité) et d'hyperkératose.

Un traitement local suffit à faire disparaître la gale rapidement.

• La gale sarcoptique

Le chien perd ses poils, il se gratte et des croûtes apparaissent. La peau est épaisse, graisseuse et couverte de boutons. Les pointes des coudes et les oreilles sont à surveiller.

La gale sarcoptique du chien est une affection parasitaire cutanée infectieuse, très contagieuse, due à la présence et à la multiplication dans la couche cornée de l'épiderme d'acariens appartenant à la famille des Sarcoptidés *(Sarcopte scabiei).*

Cette affection est très fréquente et peut atteindre des animaux de tous âges. La promiscuité des animaux est un bon facteur de contagion. Dans une communauté, il est rare qu'un seul animal soit atteint.

La gale sarcoptique est une affection très prurigineuse, entraînant rapidement des lésions de grattage. Les lésions apparaissent en premier lieu sur la tête, à la face externe des oreilles, sur la ligne inférieure du corps, à la face externe des épaules, à la pointe du coude et du jarret. Si l'infestation est ancienne, l'ensemble du corps peut être atteint.

Ce sont des lésions de calvescence (pelage mité) avec présence de boutons de gale. La gale sarcoptique est une dermatose sèche.

Il faut noter que chez les jeunes animaux, le prurit est faible ou inexistant et que les dépilations sont nettes (gale juvénile).

Le diagnostic peut être confirmé par la mise en évidence (pas toujours aisée) des parasites dans un prélèvement profond éclairci au lactophénol.

L'homme peut contracter la gale du chien. Cette affection se manifeste par quelques pustules prurigineuses, généralement localisées aux régions en contact avec l'animal. Ce caractère de contagiosité est un bon élément de diagnostic.

• La gale démodécie

Elle est très rebelle et très difficile à traiter, car elle s'implante à la racine des poils. Votre border se gratte et une dépilation s'effectue par plaques.

La démodécie est une affection inflammatoire de la peau, due à la présence et au développement, dans les follicules pileux, d'acariens *(Demodex canis)*.

Cette affection fréquente atteint surtout les jeunes animaux (de moins d'un an en général) et principalement les races à poil court. Elle se traduit essentiellement par de l'alopécie et de l'érythème, avec absence de prurit (dans la forme simple).

Le mode de contamination majeur se fait de la mère au chiot lors de l'allaitement.

Cliniquement, on peut distinguer deux types de démodécie :

– la forme localisée : l'affection débute par un érythème peu marqué, accompagné de dépilation légère, localisée le plus souvent à la tête (pourtour des yeux, commissures des lèvres), puis aux membres antérieurs. À ce stade, la régression spontanée des lésions est possible, mais la généralisation l'est aussi ;

– la forme généralisée : les lésions, décrites précédemment, peuvent s'aggraver, s'étendre, puis confluer et affecter ainsi tout le corps de l'animal. Cela évolue généralement vers une surinfection bactérienne entraînant des complications de pyodermite (formation de pustules). À ce stade, l'érythème est prononcé (couleur aubergine de la peau) et un prurit peut apparaître.

Le traitement de la démodécie localisée est relativement facile (traitement local). En revanche, la forme infectée ou pyodémodécie est une affection grave, pouvant entraîner la mort, qui se révèle longue et difficile à guérir et nécessite un traitement antibiotique.

> Les aoûtats

Ces petits parasites rouges, qui se logent entre les doigts et parfois sur le corps, provoquent des démangeaisons. Un traitement local en débarrassera votre border.

> Les teignes

La teigne est une affection de la peau due à trois espèces de champignons parasites : *Microsporum canis* (la principale), *Microsporum gypseum, Trichophyton mentagrophites.*
Ces dermatophyties sont contagieuses d'animal à animal, et de l'animal à l'homme. Le parasite se développe dans la couche kératinisée de la peau, des poils ou des griffes.

Cliniquement, l'affection débute par une plaque d'alopécie circulaire de diamètre variable. Plusieurs plaques peuvent se développer et confluer. Les lésions peuvent être diffuses, atteignant de larges portions du corps. Les plaques sont généralement squameuses, parfois érythémateuses et surélevées (inflammatoires). L'infection bactérienne secondaire est fréquente dans les affections anciennes, entraînant une destruction des follicules pileux et une alopécie définitive. Alopé-

cie qui n'est que transitoire s'il n'y a pas de surinfection.

Les dermatophyties peuvent guérir spontanément mais, le plus souvent, elles évoluent vers une généralisation des lésions.

Le traitement est à la base de griséofulvine (par voie générale) et d'un antifongique local.

La teigne est une maladie contagieuse, aussi convient-il d'appliquer les règles élémentaires d'hygiène et de propreté sans lesquelles il n'est pas de traitement possible.

> La candidose

La candidose est une affection mycosique des muqueuses et de la peau. Par ordre de fréquence, les principales localisations sont : la bouche, le conduit auditif externe, les plis inguinaux, les muqueuses anale et vaginale, les espaces interdigités. Les candidoses de la peau sont rares chez le chien.

Cliniquement, l'affection se caractérise par le développement d'un enduit blanc grisâtre sur une muqueuse très enflammée (lèvres, face interne des joues, face interne de la langue), s'accompagnant d'un écoulement muqueux malodorant.

L'évolution se fait vers la chronicité, avec parfois une extension à la peau. Le traitement, à base de nystatine, est local et général dans les affections graves.

> Les zoonoses

Ce sont les maladies que le chien peut transmettre à l'homme : la rage (morsure), la leptospirose (morsure), la teigne (contact) et la gale (contact).

Les principaux accidents

Il nous faut souvent apprendre à agir rapidement, mais sans précipitation et à faire les premiers gestes pour secourir l'animal en attendant le vétérinaire.

> Les plaies

Une plaie non hémorragique : nettoyez-la à l'eau et, ensuite, appliquez un antiseptique.

Une plaie hémorragique : appliquez, en pressant fortement, une gaze ou un linge propre pour faire coaguler le sang, et consultez le vétérinaire.

> Les brûlures

Sur une brûlure légère, passez de l'eau froide pour soulager la douleur, puis désinfectez et appliquez une pommade antibiotique. Vous protégerez la brûlure avec un pansement que vous devez changer tous les jours.

Sur une brûlure grave, appliquez un linge propre et humide, jamais de corps gras et consultez sans attendre votre vétérinaire.

> L'intoxication

Outre les dangers encourus à la maison (insecticides, antigel, mort-aux-rats), votre chien risque aussi, un jour, d'ingérer un appât empoisonné.

Si vous connaissez le produit absorbé, appelez le centre antipoison ou un vétérinaire et suivez leurs conseils. Si le chien vient d'ingérer le produit toxique, essayez de le faire vomir, sauf s'il s'agit d'un produit corrosif. Dans tous les cas, que vous connaissiez ou non le produit, portez très rapidement votre chien chez le vétérinaire.

> Les fractures

Immobilisez au maximum le membre blessé, placez votre chien sur un brancard (ou un linge tenu par deux personnes), bougez-le le moins possible et allez en urgence chez votre vétérinaire.

> Les piqûres et les morsures

Les piqûres provoquent des œdèmes ou des urticaires qui sont caractérisés par un gonflement des paupières, de la bouche et des oreilles. Si votre border a été piqué dans la gorge, il vous faut rapidement y glisser un morceau de tube plastique souple afin d'éviter l'étouffement.

Consultez votre vétérinaire, un traitement fera rapidement régresser l'allergie.

Pour les morsures de vipère, faites-lui administrer un sérum antivenimeux le plus rapidement possible.

> Les coups de chaleur

Le plus souvent, un chien peut être victime d'un coup de chaleur dans un véhicule exposé au soleil et non ventilé ou encore par temps couvert mais chaud. N'oubliez pas que la Terre tourne et que, en quelques minutes, on passe de l'ombre au soleil !

Ne laissez pas votre chien dans une voiture, même les fenêtres entrouvertes. Le chien ne transpire pas et se ventile uniquement en respirant rapidement. Si l'air est chaud, sa température peut s'élever à plus de 41 °C ; le chien devient alors fébrile, se met à haleter et à saliver. Les premiers gestes à faire pour le secourir : le mettre à l'ombre, l'arroser d'eau froide ou le baigner, le faire boire (si possible) et tenter la respiration artificielle. Il faut consulter au plus vite un vétérinaire.

La trousse de premiers soins

- 1 pince à épiler
- 1 bande
- 1 compresse
- 1 sparadrap
- 1 flacon d'éther
- 1 pommade antibiotique (brûlure)
- 1 spray antiseptique (plaie)
- 1 tube plastique souple (piqûre à la gorge)
- 1 médicament antidiarrhéique

L'ALIMENTATION DU BORDER TERRIER

Essentielle, l'alimentation assure à votre chien une bonne santé. En effet, les apports alimentaires équilibrés permettent d'éviter toutes sortes de tracas, tels que l'obésité ou encore l'eczéma. Ce qui est bon pour l'homme ne l'est pas pour le chien. Aussi son repas sera-t-il différent du nôtre, afin de pas le transformer en « chien poubelle », nourri des restes de nos propres mets.

Les besoins nutrionnels du chien

> UN RÉGIME ADAPTÉ

Le chien est un carnivore qui, à la campagne, peut compléter sa ration par quelques petites proies. En revanche, en milieu urbain, les chiens n'ont pas cette ressource. Au cours d'une promenade, si votre chien tire sur sa laisse pour aller lécher des excréments, c'est sans doute pour remédier à une carence.

Nous ne sommes plus au XIXe siècle, période où les chiens étaient nourris de soupes de pain. On connaît de mieux en mieux les besoins des chiens en acides aminés indispensables, de même que l'efficacité des différentes matières premières.

> LA VALEUR NUTRITIVE DE LA RATION ALIMENTAIRE

Pour calculer la valeur nutritive de la ration alimentaire, chez les carnivores comme chez l'homme, on se réfère habituellement aux calories bonnes, utiles et assimilables par le métabolisme, c'est-à-dire aux calories qui peuvent être utilisées pour fournir à l'organisme l'énergie nécessaire à la vie.

La teneur en calories métabolisables d'un aliment, compte tenu de la spécificité organique du chien, est ainsi évaluée :

1 g de glucides = 3,52 calories ;
1 g de protides = 3,52 calories ;
1 g de lipides = 8,65 calories.

> Les lipides

L'organisme des carnivores supporte relativement mieux que celui des autres espèces des taux élevés de matière grasse : jusqu'à 15 % et même 30 % de la matière sèche.

Ils utilisent relativement bien les graisses riches en acide gras saturé. Comme il faut respecter un bon équilibre entre acides gras saturés et insaturés, il est souhaitable que l'apport en lipides soit assez diversifié : graisse, lard, huile végétale. Les huiles de maïs, de soja, de tournesol peuvent très bien convenir pour le chien.

Graisses et huiles doivent toujours être très fraîches. Rances, elles perdent leurs qualités organoleptiques – l'animal peut refuser son repas – et entraînent des intolérances digestives.

Grâce à un apport équilibré en graisses, votre animal aura un beau poil brillant, il sera également mieux armé pour éviter dermatoses, athérosclérose et stérilité.

> La cellulose

Composant des végétaux, la cellulose est pratiquement indigeste, mais elle joue un rôle important dans le transit intestinal. Il serait souhaitable que les régimes en comportent de 2 à 3 % environ dans le cas général, un peu plus dans le cas de régimes amaigrissants et jusqu'à 5 % pour les vieux animaux sédentaires ayant tendance à la constipation.

> Les protéines

Elles jouent un rôle important pour la croissance, notamment pour le développement osseux et musculaire.

L'efficacité des protéines alimentaires (viandes, poissons) dépend surtout de leurs origines, des traitements thermiques et de la réalisation de bonnes associations.

Les protéines animales sont souvent mieux pourvues en acides aminés indispensables que les protéines végétales. Le collagène contenu en abondance dans les tendons, les aponévroses (membranes fibreuses qui enveloppent le muscle), est grandement digestible chez le carnivore, mais son utilisation dans l'organisme est très médiocre (en ce qui concerne son rendement métabolique ou biologique).

C'est pourquoi la recherche de ce produit est très importante dans les aliments humides à base de sous-produits d'abattoirs.

> Les glucides non cellulosiques (amidon et sucres)

Ils ne sont guère indispensables sur le plan physiologique, sauf pour les femelles gravides car elles ont besoin de glucose.

Les amidons très cuits – riz bouilli, flocons de céréales, biscottes, etc. – sont préférables aux sucres. Quant au lactose provenant du lait, il est mal supporté par certains sujets.

> Les minéraux

Les besoins en minéraux sont difficiles à évaluer mais les carences peuvent être lourdes de conséquences pour la santé de votre animal, de même que les apports excessifs.

> Le calcium

On constate que les matières premières utilisées pour l'alimentation des animaux n'en fournissent pas assez, qu'il s'agisse du foie, des cœurs, de la viande ou du riz.

Pour compenser ce déséquilibre, il faut donner à votre chien du phosphate bicalcique.

> Le chlorure de sodium

Les besoins sont importants. La présence de sel oblige l'animal à boire, ce qui facilite la diurèse ainsi que l'élimination des déchets minéraux et azotés.

> Les oligoéléments (fer, cuivre, zinc, manganèse)

À petites doses, chacun de ces oligoéléments intervient dans le bon fonctionnement de l'organisme. Ils se trouvent en principe en quantité suffisante dans une alimentation classique. Mais attention aux régimes végétariens qui risquent d'entraîner de sérieuses carences. N'oubliez jamais que les chiens sont des carnivores.

> Les vitamines

Les exigences, relativement élevées, en vitamine A sont encore accrues par la croissance et la reproduction. Les produits animaux, et notamment le foie, contiennent cette vitamine en quantité suffisante. En ce qui concerne la vitamine D, il faut souvent en rajouter, mais très modérément, dans la pâtée des jeunes chiots, car un excès favoriserait une déminéralisation osseuse pouvant entraîner, par exemple, des fractures. En effet, cet animal délicat qui lèche et relèche son poil récupère ainsi une quantité, en général, suffisante de vitamine D.

Enfin, il faut de la vitamine E à votre animal. Elle assure la protection des acides gras polyinsaturés qui rendent, entre autres, le poil brillant. Cette vitamine se trouve dans le poisson et les huiles végétales.

Muni de ces informations de base, vous pouvez préparer une pâtée équilibrée pour votre bon toutou que vous voulez l'œil vif, le pelage sain et l'humeur joyeuse.

Alimentation maison ou industrielle ?

Deux solutions s'offrent à vous : la préparation ménagère que vous confectionnerez vous-même ou les aliments industriels qu'il vous suffira d'acheter.

Quel que soit votre choix, gardez présent à l'esprit que le régime de votre animal ne doit pas être modifié trop souvent et qu'il faut de quatre à cinq jours pour que son organisme s'habitue à un changement. Le rythme rations ménagères en semaine, boîtes le week-end (ou vice versa), par exemple, risque de provoquer chez votre compagnon des dérangements intestinaux.

> Les rations ménagères

Le repas maison peut très bien répondre aux impératifs d'une alimentation rationnelle, équilibrée et appétente. Mais il vous en coûtera plus de temps, et souvent plus d'argent.

• Viande (50 %)

Matière première essentielle, il faut la choisir maigre – surtout si votre animal prend peu d'exercice – pour ne pas exagérer l'apport énergétique. La viande de cheval est, de ce point de vue, bien équilibrée. Exigez une viande rouge, sans excès de tendons ou d'aponévroses, car le collagène dont ils sont formés est soit peu digeste, soit peu utile à l'organisme.

Il faut rejeter catégoriquement les résidus de parage (peau, couenne). En revanche, il n'est pas nécessaire de privilégier des viandes de premier choix. Les morceaux à bouillir, par exemple, conviennent parfaitement. Cette viande sera utilisée de préférence crue, parce que la cuisson rend les protéines moins digestes, en morceaux plutôt qu'en hachis.

Les abats rouges (cœur, rognons, rate, gésier) sont excellents, en revanche les poumons et le mou n'ont qu'une valeur nutritive moyenne.

• Riz et flocons (25 %)

Aux protéines (viande ou poisson), vous ajouterez des produits amylacés : riz, pâtes, autres sources d'énergie mais d'un coût moindre. Pour être parfaitement digéré par les carnivores, l'amidon doit être très bien cuit. Attention, certains sujets sont parfois allergiques au gluten que contiennent le pain et les pâtes.

• Légumes (25 %)

Troisième élément de la pâtée, les légumes. Salades, carottes, haricots verts… permettent de réduire la concentration énergétique de la ration, tout en lui conservant un certain volume. En outre, riches en cellulose, ils facilitent le transit intestinal. Oignons et poireaux sont souvent appréciés, mais on s'en méfiera car ils provoquent des flatulences.

• Les compléments

Enfin, pour prévenir certaines carences, il ne faudra pas oublier de complémenter l'alimentation de votre animal en graisses, en lui donnant du lard ou de l'huile de maïs à raison d'une cuillerée à café ou à soupe par jour suivant son poids, des levures sèches (apport de vitamine B) et, également, des composés minéraux vitaminés.

> Les aliments industriels

Si vous n'avez ni le temps, ni les moyens, ni la patience… vous pouvez trouver sur le marché un très grand choix d'aliments tout préparés, qu'ils soient en boîte, en sac ou en barquette. Les chiens bénéficient, en l'occurrence, des derniers progrès techniques de l'industrie alimentaire. Et signalons, pour vous rassurer, que ces produits ne contiennent rien de répugnant ou de malsain. En fait, ils sont constitués de certains sous-produits provenant, notamment, des abattoirs ou des pêcheries, qu'il s'agisse de morceaux qui ne sont plus consommés de nos jours ou de produits que les techniques actuelles permettent de récupérer, par exemple : abats, sang, carcasses de volailles, déchets de poissons, et aussi de graisses et de graines.

La composition de ces aliments préparés, qui a fait l'objet de recherches sérieuses et qui tient compte des plus récentes connaissances en matière de nutrition animale, respecte bien, dans l'ensemble, l'équilibre entre les divers éléments nécessaires à la bonne santé d'un chien.

• Les aliments humides complets ou complémentaires

Ils se présentent sous forme de boîtes de conserve métalliques ou de sous-enveloppes en plastique (semi-conserves). Ils se distinguent par leur richesse en eau et en sous-produits d'abattoirs.

L'art est d'associer des produits azotés très différents (mamelles, poumons, abats de volailles, etc.) avec, éventuellement, des levures, des tourteaux, des céréales et des compléments vitaminés, pour aboutir à des produits de qualité stable.

La cuisson en milieu humide puis la stérilisation garantissent une gélatinisation suffisante des céréales sans altération des protéines.

• Les aliments semi-humides

Le taux d'humidité de ces produits varie entre 30 et 60 %. Stabilisés par divers additifs, ils se comportent comme des semi-conserves. De même que les aliments humides, ils sont très bien acceptés par l'animal ; de surcroît, ils sont suffisamment digestes.

• Les aliments secs

Ils contiennent moins de 14 % d'eau. Préparés à partir de farines d'origine animale, de levures, de tourteaux, de céréales cuites et de composés minéraux vitaminés, ils se présentent sous deux formes : croquettes à consommer en l'état ou flocons à diluer pour obtenir une soupe.

Attention : si vous utilisez des aliments secs, il est indispensable de laisser à proximité de l'animal un bol d'eau fraîche.

À signaler qu'il existe également des produits congelés, de même que des préparations fraîches conservées au froid dont la date limite de consommation peut être de vingt et un jours après la fabrication.

• Lire attentivement l'étiquette

L'étiquetage de ces produits est généralement complet. Il doit comporter le nom et l'adresse du fabricant, de l'importateur ou du distributeur ; l'espèce animale à laquelle l'aliment est destiné ; la date de fabrication ; le poids net, mais aussi les mentions suivantes indispensables à l'information du consommateur :

– aliment complet ou aliment complémentaire. L'aliment complet doit être utilisé seul puisqu'il suffit, en principe, à couvrir tous les besoins nutritionnels de l'animal. L'aliment complémentaire, en revanche, doit être associé à un aliment de base que doit clairement mentionner le mode d'emploi, en distinguant bien entre les préparations à base de viande (à compléter avec des céréales) et celles à base de céréales (à compléter avec des viandes) ;

– liste des matières premières utilisées par catégorie et dans l'ordre décroissant d'importance pondérale ;

– additifs employés (vitamines A, D, E, antioxydants, substances colorantes, agents conservateurs).

L'étiquette peut également mentionner les teneurs garanties en calcium, phosphore, sodium, fer, cuivre, manganèse, zinc, vitamine B1. Le code des usages fixe également les règles d'utilisation de certains qualificatifs. Ainsi, le terme « viande » (au singulier) désigne le muscle, tandis que « viandes » (au pluriel) se rapporte à toutes les autres parties de l'animal. De même, « morceaux » ne s'applique qu'à des fragments d'un tout homogène ; ne pas confondre avec « boulettes ».

Les mauvaises habitudes

N'apprenez pas à votre chiot à quémander. Première règle : évitez donc de lui donner des restes alors que vous êtes encore à table et

exigez que vos enfants et vos invités fassent de même. Seconde règle : ne lui donnez jamais à manger entre les repas. S'il vous faut des friandises pour son éducation, n'en abusez pas et remplacez-les autant que possible par des caresses, c'est meilleur pour sa ligne et pour votre complicité mutuelle.

Les aliments à éviter

Même si votre chien a déjà été nourri à base des aliments cités ci-dessous, ou si ceux-ci ont été occasionnellement ajoutés à sa ration sans problèmes majeurs, ils ne doivent normalement pas se trouver dans son assiette. Ce sont :

– les pommes de terre, les haricots secs, les oignons, les choux, qui occasionnent des problèmes digestifs ;

– le jaune d'œuf cru, qui contient une anti-vitamine B ;

– le lait, souvent mal digéré, le chiot perdant généralement après le sevrage le système enzymatique qui lui permettait de le digérer. Il faut cependant noter que certains chiens peuvent boire du lait toute leur vie sans être incommodés. Les fromages, en revanche, ne présentent pas d'inconvénient ;

– les sucreries de toutes sortes – même si le sucre ne fait ni couler les yeux ni devenir aveugle –, car ce sont des aliments très énergétiques favorisant l'obésité ;

– les os, car si les risques de perforation intestinale sont très rares, les occlusions et les constipations douloureuses à la suite de l'ingestion d'os divers sont fréquentes ; les os ne sont pas un aliment (si l'on veut à tout prix en donner, choisir un os de veau).

La ration du chiot

> Le sevrage

Le sevrage d'un chiot border commence à l'âge de trois semaines, même si sa mère l'allaite durant un mois et demi à deux mois. C'est

souvent de sa propre initiative qu'il ira laper dans l'assiette de sa mère, d'où l'importance de donner à la chienne une alimentation en bouillie.

La première étape consistera à donner, le matin, du lait spécial que vous aurez acheté en pharmacie, chez votre vétérinaire ou chez un distributeur d'aliments pour chiens. Le lait doit toujours être tiède. Bien sûr, si maman border est fatiguée ou manque de lait, cette opération peut commencer un peu plus tôt. Petit à petit, le chiot aura un repas le matin, un à midi et un le soir.

> À un mois et demi

À quatre semaines et demi, on ajoutera au lait tiède, soit de la viande hachée ou du poisson sans arêtes – d'excellente qualité et toujours frais –, soit des croquettes « spéciales chiots » que vous écraserez pour obtenir une bouillie. Ce sera le repas de midi.

Le chiot a besoin de cinq repas par jour. À un mois et demi, en général, la maman donne trois repas de lait et vous, deux repas sous forme de bouillie (un à midi et un le soir) ; graduellement, vous ôterez le lait de ces repas.

> À deux mois

Le chiot aura droit à environ quatre repas :

– le matin, un peu de lait ;

– à midi, de la viande, ou du poisson, ou du foie, ou de l'œuf cuit avec des légumes, du riz, ou des croquettes ;

– au goûter (à quatre heures), deux biscuits ;

– le soir, de la viande ou du poisson avec des légumes, du riz ou des croquettes.

Petit à petit, le repas de midi et le goûter seront supprimés.

> À six mois

Le chiot prendra deux repas par jour. Celui du soir restera le plus important : il sera composé

de viande, poisson, riz, légumes ou croquettes. Le petit déjeuner se résumera à quelques biscuits.

> Le chien adulte

Sauf cas particulier, le border adulte aura un repas par jour, donné de préférence le soir, si votre chien a une grande activité physique pendant la journée (sport, agility, etc.). Ce repas doit toujours être équilibré, qu'il s'agisse d'une ration ménagère ou d'une alimentation industrielle. À la ration ménagère, en plus de la viande, des légumes et du riz, on ajoutera une cuillère à café d'huile, de la levure et du gruyère. On prendra toujours soin d'ôter toutes les arêtes du poisson.

Rares sont les borders obèses, mais, en vieillissant, l'embonpoint peut parfois s'installer. Pour l'éviter, il faut alléger les rations des lipides et des glucides, et les augmenter en fibres (légumes). L'alimentation industrielle propose des aliments allégés. Il faut aussi proscrire les friandises.

Sachez qu'une bonne alimentation garantit une excellente santé.

Bébé border sans maman

Cela peut arriver pour de multiples raisons. Dans ce cas, c'est vous qui devenez la maman. Le nourrir ne sera pas chose aisée, quelques conseils ne seront donc pas de trop. Bébé border a besoin d'un repas toutes les deux heures. Il vous faut préparer du lait maternisé, en suivant à la lettre la prescription indiquée sur l'emballage. Le cas échéant, vous pouvez préparer plusieurs rations que vous conserverez dans une bouteille Thermos. C'est surtout pratique la nuit.

Il faut veiller à ce que le lait contenu dans le biberon ne coule ni trop vite ni trop lentement : dans le premier cas, le chiot peut

s'étouffer, dans le second, il peut s'épuiser à téter pour ne rien avaler. Le biberon doit être donné à bonne température et dans les mêmes conditions que si le chiot tétait sa mère. Le biberon sera maintenu légèrement plus haut que la tête du chiot. Vous maintiendrez le chiot au chaud et au propre et, à chaque tétée, vous masserez avec une compresse humide et tiède le bas de son ventre pour qu'il urine et la base de sa queue en remontant de l'anus à l'extrémité de la queue pour qu'il défèque.

L'alimentation par intubation fonctionne à merveille et évite au chiot un peu faible de s'épuiser en tétant. En s'effectuant aussi plus rapidement, elle permet au chiot de boire son lait à la bonne température, celui-ci n'ayant pas eu le temps de refroidir. Si l'une de vos connaissances pratique cette méthode, demandez-lui de vous l'apprendre car elle peut sauver les chiots dans de nombreux cas.

À quatre semaines, bébé border se portera comme un charme, vous un peu moins !

L'entretien du border terrier

Excellent chien de compagnie, le border doit être agréable à regarder. S'il est correctement entretenu, il donnera envie d'être caressé, sinon il sera repoussant et très malheureux. Il est vrai que le border autonettoyant n'existe pas !

Le toilettage de votre border

> Les yeux

Ils sont pétillants de malice ! Pour qu'ils le restent, vous les nettoierez chaque jour avec du sérum physiologique. Vous couperez les cils qui risquent de pénétrer dans l'œil et de le faire pleurer. Si les yeux sont rouges et très larmoyants, consultez votre vétérinaire. Entre quatre et six mois, le jeune border change de dentition et souvent ses yeux se mettent à couler, ne vous inquiétez pas.

> Les oreilles

Pour éviter les maladies, notamment la gale, nettoyez l'oreille et le conduit auditif une fois par mois. Pour ce faire, vous utiliserez un produit nettoyant, vous masserez la base de l'oreille et enlèverez les impuretés avec une gaze. N'utilisez jamais de coton-tige, qui enfonce le bouchon plutôt qu'il ne l'enlève. Si les impuretés sont épaisses, marron et odorantes, il convient d'entreprendre quotidiennement un traitement spécifique, jusqu'à la guérison.

Enfin, vous épilerez les poils qui auront poussé à l'intérieur et à l'extérieur de l'oreille. En cas de pénétration d'un corps étranger

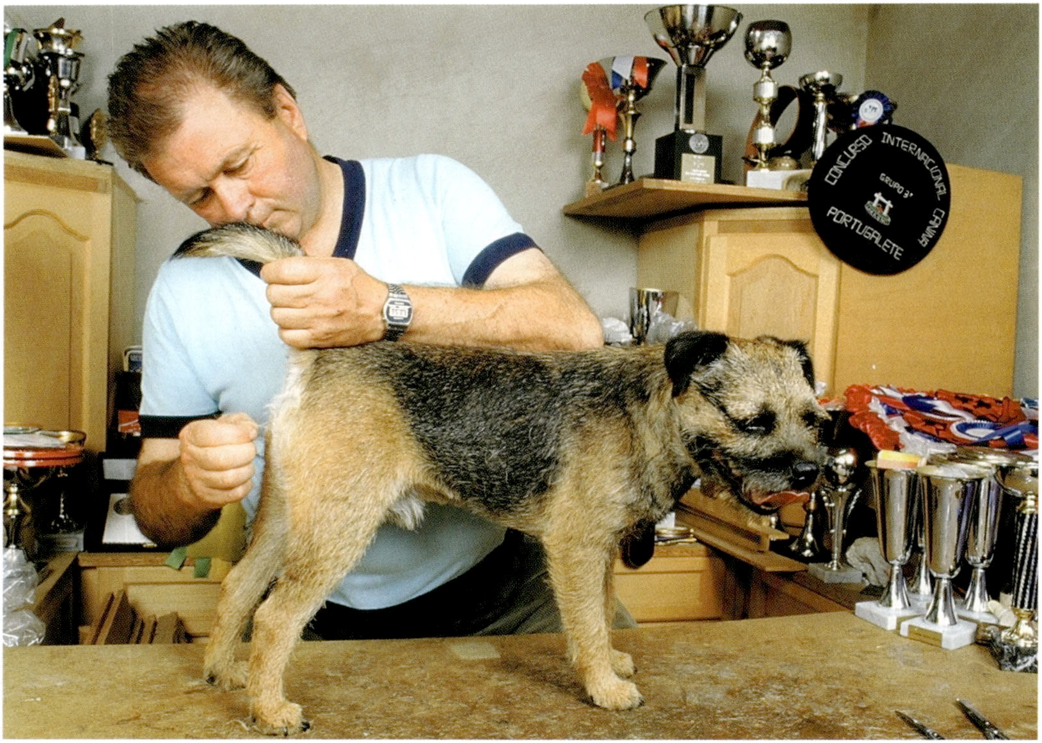

(épillets par exemple) dans le conduit auditif, consultez le vétérinaire.

> Les dents

Pour que votre border ne perde pas prématurément ses dents, vous devez y apporter un soin particulier. Vous lui donnerez de gros os à ronger. Le vétérinaire pratiquera une fois par an ou plus un détartrage. Ne pas entretenir la dentition de votre border entraînerait sa chute prématurée (parodontie) et une très mauvaise haleine.

> Les ongles

Si votre border sort peu, ses ongles risquent de ne pas s'user tout seuls. Vous devez les couper pour éviter qu'ils ne se cassent ou ne lui entrent dans la chair. Attention, ne coupez que la partie morte.

> Le poil

Un poil dur lavé fréquemment devient mou et salissant. Si une douche se révèle nécessaire, utilisez un shampooing spécial pour chiens à poil dur. Évitez l'eau dans les oreilles et le shampooing dans les yeux. Après avoir fait pénétrer le shampooing sur tout le poil, rincez minutieusement votre border. À l'issue de ce rinçage, utilisez un conditionneur qui redonnera au poil son équilibre et procédez au dernier rinçage. Épongez le poil avec une serviette sans frictionner.

À cette occasion, vous vous rendrez compte à quel point le poil du border est imperméable et le sous-poil très dense. Ce n'est qu'une semaine après la douche que vous pourrez entreprendre une épilation ; avant, ce travail serait beaucoup plus difficile et ferait souffrir votre border.

Évitez l'utilisation de shampooings secs parce qu'ils ternissent et dessèchent le poil.

> L'ÉPILATION

Le sous-poil du border est doux et dense, il est recouvert par du poil dur qui, malheureusement, ne tombe pas tout seul. Il convient donc de l'épiler deux ou trois fois par an.

Pour que notre border ait un superbe manteau, il est impératif de l'épiler entièrement en évitant, bien sûr, d'épiler le sous-poil. Ne transformons pas notre ami en chien nu !

Si les experts utilisent des couteaux à trimmer, nous vous les déconseillons, non pas parce qu'ils seraient des instruments de torture, mais simplement parce que nous n'avons pas la dextérité d'une toiletteuse. Aussi, nous utiliserons nos doigts.

L'épilation se fait toujours dans le sens du poil. Nous partirons du dessus de la tête en passant par les oreilles, intérieur et extérieur, les joues, l'encolure, les épaules, pour finir par le corps, les pattes et la queue. Nous épilons uniquement le poil mûr qui mesure environ de 4 à 5 cm.

Après une épilation, il faut compter environ de quatre à six semaines pour que le manteau se reforme. Le poil de repousse est dur et bien serré.

Souvenez-vous qu'il ne faut jamais épiler les sourcils et la barbe ; que les pieds sont arrondis à l'aide d'un ciseau courbé, de même que l'extrémité de la queue.

Entre deux épilations, brossez régulièrement votre border. Enfin, vous pouvez confier cette opération à un spécialiste, car une épilation mal faite peut entraîner une inflammation de la peau.

La trousse de toilette

- Une paire de ciseaux droits
- Une paire de ciseaux courbés
- Une paire de ciseaux à désépaissir
- Une étrille
- Un couteau à épiler
- Une pince à ongles (guillotine)
- Une pierre ponce
- Un peigne
- Une brosse

Ne pas oublier vos doigts et votre patience.

Les papiers du border terrier

La vente des chiens est soumise à une réglementation précise permettant à la fois de protéger les animaux et de défendre les acheteurs.

Le contrat de vente

Lors de la vente et donc de l'achat, vendeurs ou acheteurs exigeront un contrat de vente ou donation (l'attestation de vente n'est plus obligatoire depuis le 22 juin 1989, elle est remplacée par un contrat de vente, voir la loi Nallet).

Ce certificat doit comporter :

– le nom du vendeur ou donateur et ses coordonnées ;

– le nom de l'acquéreur et ses coordonnées ;

– la race, le sexe, la date de naissance, le numéro du LOF ou, à défaut, le numéro dossier de la Société centrale canine du chiot ;

– les noms et numéro du LOF des géniteurs ;

– la date de la vente ;

– le nom et l'adresse du vétérinaire choisi par le vendeur et l'acheteur ;

– le numéro de tatouage ;

– les signes particuliers du chiot s'il y a lieu ;

– le prix ;

– le mode de règlement ;

– l'âge de confirmation ;

– la signature des deux parties (vendeur, acheteur).

La carte de tatouage

C'est la carte d'identité de votre border. Le tatouage est réglementé par le décret n° 91.823 du 28 août 1991 et l'arrêté du 30 juin 1992.

Votre border portera son numéro d'identification à l'oreille ou sur la face interne de la cuisse. Nous préférons un tatouage à la cuisse. Celui de l'oreille est inesthétique. Il est souvent réalisé à l'aide d'un dermographe et il convient de veiller à ce qu'il ne s'efface pas.

Sur la carte de tatouage sont indiqués le nom du chien, le nom et les coordonnées du propriétaire, ainsi que le numéro de tatouage. Le nom du chien et le numéro de tatouage ne changeront jamais. En revanche, vos coordonnés peuvent changer. Si le cas se présente, n'oubliez pas de faire enregistrer ces modifications par la Société centrale canine. C'est très utile en cas de perte ou de vol. Le numéro de tatouage est obligatoire pour tous les carnivores domestiques se trouvant dans les départements déclarés infectés par la rage.

L'immatriculation par puce électronique (transpondeur) est maintenant possible en France et tend à se généraliser.

Le carnet de santé

Ce carnet, complété par le vétérinaire, précise les dates des vaccinations et les dates des rappels.

> Le certificat de naissance

Dès la conception des chiots, le propriétaire de la lice (chienne d'élevage) doit adresser à la SCC un certificat de saillie, complété par le propriétaire de l'étalon et lui-même, dans un délai de quatre semaines.

La SCC ouvre un dossier numéroté et envoie au propriétaire de la lice une attestation de naissance et une déclaration de portée.

L'attestation est retournée à la SCC dans les quinze jours qui suivent la naissance. Elle comporte la date de naissance des chiots, leur sexe et leur nombre.

La déclaration de portée est retournée dans les six mois qui suivent la naissance. Elle précise le nom, le sexe, la couleur, le tatouage de chaque chiot et la date de naissance.

C'est à réception, ou presque, de cette déclaration de portée et du paiement des frais d'inscription que la SCC établit, pour chaque chiot, le certificat de naissance qui, outre les coordonnées du chiot telles que son nom, sa date de naissance, son numéro de tatouage, sa couleur, le nom de l'éleveur et le numéro provisoire du LOF, comporte également trois générations d'ascendants.

Le pedigree

Le pedigree est destiné à remplacer le certificat de naissance, dès que le border, âgé de douze mois ou plus (sans limite supérieure), a passé avec succès l'examen de confirmation.

Pour ce faire, plusieurs possibilités s'offrent à vous :

– inscrire votre border à une exposition canine nationale ou internationale ou à une séance de confirmation organisée sous le patronage de la SCC, par le biais des sociétés canines régionales ;

– présenter votre border lors d'une exposition régionale organisée par le club ou sa délégation.

Si vous avez plusieurs chiens à faire confirmer, vous pouvez demander à ce qu'un expert confirmateur vienne chez vous.

À l'occasion de la confirmation, un juge ou un expert confirmateur vérifie que le chien correspond au standard de la race et qu'il n'a pas de défaut éliminatoire.

À l'issue de cet examen, le juge ou l'expert vous remet un certificat de confirmation dûment complété. Il indiquera sur le LOF, dans la partie réservée, l'aptitude ou l'inaptitude de votre border. Vous adresserez ces deux documents à la SCC et celle-ci vous retournera le pedigree, qui n'est autre que le LOF à titre définitif de votre border.

Il est à noter qu'un border peut être, pour un motif ou un autre (chien trop maigre, absence de toilettage, etc.), ajourné. Il suffit de le représenter ultérieurement lors d'une séance de confirmation. Le border doit être présenté au mieux de sa forme. En cas de non-confirmation, si celle ci vous paraît injuste, vous pouvez faire appel : votre border passera alors devant un jury qui entérinera ou non cette décision.

Si vous achetez un chiot à l'étranger, sous réserve d'obtenir ses papiers officiels et qu'il soit identifié par le tatouage, vous pourrez le faire confirmer en France dans les mêmes conditions qu'un chien doté d'un LOF.

La garantie légale des vices rédhibitoires

Les maladies et tares génétiques constituant des vices rédhibitoires sont garanties par le vendeur.

La loi n °89412 du 22 juin 1989 définit les vices rédhibitoires :

– la maladie de Carré ;

– l'hépatite contagieuse (maladie de Rubarth) ;

– la parvovirose ;

– la dysplasie coxo-fémorale (en ce qui concerne cette maladie, pour les animaux vendus avant l'âge d'un an, les résultats de tous les examens radiographiques pratiqués jusqu'à cet âge sont pris en compte en cas d'affection résultant de vices rédhibitoires) ;

– l'ectopie testiculaire, pour les animaux âgés de plus de six mois ;

– l'atrophie rétinienne.

Pour aller plus loin

LE CLUB DE RACE

Le border terrier dépend du CFAT-DT, c'est-à-dire du Club français de l'airedale terrier et de divers terriers, et se retrouve donc avec les airedales et vingt-trois autres races de terrier.

Le CFAT-DT regroupe les terriers à « petits effectifs »

> LES SECTIONS SPÉCIALES

Lorsque l'effectif d'une race devient important, le club ouvre des sections spéciales, comme la section du type bull qui rassemble les bull terriers, les staffordshire bull terriers et l'américain staffordshire terrier. Quant à la section du jack russel terrier, elle est devenue aujourd'hui un club à part entière.

Alors qu'il existe un club des terriers d'Écosse, on peut s'étonner à juste titre de ne pas y voir figurer le border, compte tenu de ses origines.

Chacun peut adhérer au CFAT-DT et ainsi recevoir le bulletin du Club. Le Club organise annuellement une assemblée générale et, à cette occasion, il remet les médailles, prestiges et mérite d'élevage. Les médailles et prestiges de l'année sont attribués par race aux meilleurs chiens de l'année précédente. Le mérite d'éle-

vage est attribué à l'éleveur, toutes races confondues, dont les chiens ont le plus « brillé » en exposition.

> L'administration du Club

Le Club est administré par un comité élu par les adhérents. C'est le comité qui désigne en son sein le président, le trésorier et le secrétaire. Il peut en cours de mandat coopter un ou plusieurs membres, afin de pourvoir des postes vacants. C'est l'assemblée générale suivante qui ratifie ou pas ces cooptations.

Le comité désigne également les délégués du club dont la mission consiste à orienter les acheteurs potentiels vers les éleveurs. Ils représentent le club et doivent participer à la promotion des races terriers dans leur région.

> Le rôle du Club de race

Le Club doit promouvoir les races dont il a la responsabilité et, surtout, gérer leur avenir. Il est donc impératif qu'il oriente aussi son activité sur les éleveurs, car ce sont eux qui, par leur travail, produiront les chiots de qualité garants d'un réel avenir pour la race concernée.

Le Club se doit d'éditer régulièrement un bulletin qui doit être la vitrine des terriers. Dans ces bulletins, on trouve les résultats d'expositions, les modifications des standards, des chroniques vétérinaires et bien d'autres articles concernant les terriers.

Le Club organise des expositions dont la Nationale d'élevage (voir le règlement du championnat de France) et les Régionales d'élevage. Lors de ces manifestations, les terriers peuvent passer le TAN (test d'aptitudes naturelles), qui est indispensable à l'homologation du titre de champion de France.

Le Club doit :

– nommer les experts confirmateurs ;

– former les juges ;

– organiser la nationale d'élevage annuelle ;

– diffuser les informations utiles aux adhérents par le biais du bulletin ;

– guider et aider les éleveurs dans leurs tâches ;

– tenir un répertoire des reproducteurs recommandés ;

– veiller au respect par tous des statuts du club ;

– veiller au bon fonctionnement des délégations régionales mises en place.

Les expositions et le border terrier

Les expositions canines visent à faire connaître les races de chien au public nombreux qui les visite, elles nous permettent de rencontrer éleveurs, propriétaires et amateurs qui s'intéressent aux borders. Les discussions sont souvent passionnantes et pleines d'enseignements, elles nous font mieux connaître la race.

Les expositions canines

> Les objectifs

Les manifestations organisées par les sociétés régionales, les clubs de races ou encore la SCC, en ce qui concerne le championnat de France, ont pour objectif de sélectionner les meilleurs chiens de chaque race et de les faire connaître au public. La cynophilie française étant bien développée, vous pourrez parcourir l'Hexagone.

Souvent, face au professionnel ou à l'amateur éclairé, le particulier ou le visiteur ne comprennent pas le sens de cette compétition. C'est peut-être dû au fait que les juges n'ont pas l'habitude, en France, de commenter leurs jugements et se contentent seulement de déposer devant les chiens un numéro 1, 2 ou 3 et de remettre aux propriétaires un carton (qualificatif attribué au chien).

Les coupes, les plaques de chenil ou les autres lots ne sont pas la motivation première des exposants. Mais c'est du résultat de ces concours que naîtra la réputation d'un élevage, d'où la participation en grand nombre des éleveurs.

> L'organisation

Elle repose entièrement sur des bénévoles, d'où quelquefois la survenue de petits couacs. C'est sans importance, car nous connaissons leur dévouement et leur attachement à la promotion du chien de race. Une exception en revanche, la SCC délègue l'organisation du championnat de France à une entreprise privée.

Il faut savoir que le Club de race organise une exposition nationale d'élevage. Pour le passionné du border ou celui qui s'y intéresse, c'est bien l'exposition à visiter.

> La première expérience

Très souvent, la première exposition à laquelle on participe est celle de la confirmation du chien. Déjà un peu stressé, on se retrouve dans un monde jusqu'alors inconnu. Cette expérience relève bien plus du parcours du combattant que d'une partie de plaisir. La plupart des présents, chiens ou maîtres, sont des professionnels. Ils ont l'art et la manière de se positionner, de marcher et de faire ressortir les qualités de leurs chiens.

De deux choses l'une, soit vous êtes effrayé et jurez de ne plus jamais présenter votre border, soit cette première sortie vous motive pour envisager de poursuivre cette expérience. Pour ce faire, vous allez apprendre les règlements et,

surtout, observer ce qui ce passe autour de vous.

> Ce qu'il faut savoir

Il convient de maîtriser le toilettage. Vous habituerez votre chien à se tenir en position statique. Vous lui apprendrez également à marcher en laisse, à faire des allers et retours, des cercles, des triangles avec une laisse toujours tenue par la main gauche.

Une exposition se prépare, et votre chien doit être au mieux de sa forme, car le bruit, la foule et les autres chiens vont le fatiguer.

Vous emporterez une table sur laquelle votre chien sera installé, en attendant de passer en jugement, et vous mettrez un coussin dans sa cage pour qu'il puisse se reposer après le jugement.

En exposition, notre regard est différent, beaucoup plus critique, il s'aiguise. Nous pouvons comparer les sujets entre eux. Bien que nous puissions regretter le petit nombre de borders inscrits en expositions, voire leur absence, notamment lors des expositions à CACS (Certificat d'aptitude de conformité au standard).

Choisir un chiot d'exposition

> Le choix de l'éleveur

Si vous souhaitez acquérir un chien d'exposition, adressez-vous à de bons éleveurs qui ont un palmarès récent. Confiez-leur votre désir de devenir exposant. L'intérêt de ces éleveurs est que leur affixe et le nom de leur élevage soient présents dans les concours grâce à de bons sujets. Les résultats que vous pourrez glaner

participent aussi à leur réputation. Ils vous diront qu'au départ de leur vocation le hasard leur a permis d'avoir un bon chien, lequel leur a apporté d'emblée des satisfactions. Ce n'était pas toujours leur premier chien et il leur a parfois fallu en choisir un deuxième avec plus de discernement. C'est pourquoi il vous faut choisir un éleveur dont les chiens gagnent régulièrement au cours de l'année en exposition.

Lisez les comptes rendus d'exposition parus dans la revue du Club, de même que la presse cynophile. Ainsi, vous aurez une idée plus précise des élevages qui ont le vent en poupe.

> Un bon tempérament

Un chien d'exposition doit être doté d'un bon tempérament : fier, assuré et équilibré. Contrairement à ce que l'on pourrait croire, un chien n'est pas indifférent aux expositions. Les gagnants sont indéniablement ceux qui aiment ça et pas uniquement pour faire plaisir à leur maître : il faut un chien cabot !

Un chien cabot, comme Malice Bleue Hun Certain Look d'Enfer, que j'avais choisi à trois mois pour son punch, sa personnalité et sa fierté. Elle est aujourd'hui le border le plus titré au monde.

> L'aspect financier

Participer à des expositions a un coût. Il faut parcourir la France (et l'étranger) et donc envisager des frais : les frais de déplacement, une nuit d'hôtel, le restaurant, les frais d'engagement… Alors attention, soyez prévoyant.

Le déroulement d'une exposition

> Choisir l'exposition

Au début, vous sélectionnerez vos expositions sur deux critères : celle qui n'est pas trop loin de la maison et celle qui permettra de joindre l'utile à l'agréable, c'est-à-dire faire du tourisme.

Au départ, vous devriez plutôt inscrire votre chien dans des expositions à CACS organisées en province. Vous aurez plus de facilités à obtenir des résultats, cela vous motivera tout en vous permettant d'acquérir de l'expérience.

> Le calendrier des expositions

Toutes les dates d'expositions sont réunies sur un calendrier que vous pouvez vous procurer auprès de la SCC pour la France et de la FCI (Fédération cynologique internationale) pour l'étranger. Les revues spécialisées (Atout chien...) publient aussi, chaque mois, les expositions à venir.

> La préparation

• Les démarches

En général, il vous faudra envoyer votre inscription, accompagnée du paiement, au plus tard six semaines avant la date de l'exposition. Il convient de remplir correctement la feuille d'engagement : faites attention à la classe dans laquelle vous engagez votre chien. Quelques jours avant l'exposition, la société canine vous adressera une carte d'exposant que vous conserverez jusqu'au grand jour.

• Le « nécessaire »

Quelques jours avant l'exposition, vous préparerez la trousse de toilettage de votre border, ses papiers (carnet de vaccination, certificat antirabique, carte d'exposant), la table et la chaise pliante, le coussin et le petit bol pour l'eau. N'oubliez pas l'appareil photo avec pellicule car vous n'en trouverez pas sur place.

> Le jour « J »

Le jour de l'exposition, vous arriverez à l'heure indiquée sur la feuille d'engagement, muni de votre carte d'exposant et du certificat antirabique. Un vétérinaire examinera votre border et s'assurera que la vaccination antirabique est valable. Ensuite, on vous remettra le catalogue de l'exposition, à la fin duquel figure la liste alphabétique des exposants. Face à votre nom, le numéro de votre chien sera indiqué. Vous trouverez le numéro sur une cage. La plupart du temps, les cages des petits chiens se repèrent facilement. Elles sont classées par groupe et des pancartes indiquent le nom des races. Un carton comportant deux fois le même numéro sera disposé sur la cage, vous le découperez suivant les pointillés. Un numéro restera sur la cage pour permettre aux visiteurs d'identifier la race et le chien, tandis que vous accrocherez l'autre sur votre veste lors de la présentation de votre border.

Ne prenez pas un autre numéro que celui de votre chien, car son jugement serait attribué à l'autre chien.

• En attendant l'heure

Une fois que aurez trouvé votre cage, repérez les lieux : cherchez le ring où se déroulera le jugement des borders et l'endroit où votre border pourra assouvir ses besoins avant et après le jugement (vous aurez pris soin de sortir votre chien avant votre entrée dans l'exposition).

Pour une bonne présentation en exposition

Vous aurez compris l'importance du travail d'entraînement que vous et votre chien devrez accomplir pour acquérir le métier indispensable à une bonne présentation.

Votre border doit se laisser manipuler par le juge. Votre chien doit savoir se tenir parfaitement statique : c'est-à-dire debout à l'arrêt, la tête haute, la queue légèrement levée et les pattes bien posées. Il doit marcher en laisse ni trop vite, ni trop doucement, sans renifler le sol, et toujours sur votre gauche. Tout en n'étant ni craintif ni agressif. Son toilettage sera parfait.

Ainsi, vous aurez mis toutes les chances de votre coté, et puis quel border, même champion, ne s'est pas trouvé un jour déclassé !

• L'ordre des jugements

C'est entre 9 et 10 heures que les jugements commencent ; rares sont les expositions où les borders sont jugés en premier, mais il faut être vigilant, l'ordre de passage peut être modifié. Vous entrerez sur le ring à l'appel de la classe où est engagé votre border. Généralement, l'ordre de jugement des classes est le suivant :

– 1. classe jeune mâle ;
– 2. classe intermédiaire mâle ;
– 3. classe ouverte mâle ;
– 4. classe champion mâle ;
– 5. classe jeune femelle ;
– 6. classe intermédiaire femelle ;
– 7. classe ouverte femelle ;
– 8. classe champion femelle.

Les puppy et les débutants sont jugés soit avant, soit après ces classes.

• C'est l'heure !

C'est par ordre des numéros que vous vous rendrez à la table du juge avec votre border. Le juge l'examinera sur toutes les coutures, regardant les yeux, les aplombs, le poil, les dents, etc. Le secrétaire prendra note de cet examen. Le juge décernera un qualificatif une fois que tous les chiens de votre classe auront été examinés. Le juge les aura comparés entre eux d'abord en position statique, puis en les faisant marcher. Le juge classera de 1 à 4 les borders, et sachez que les jugements sont sans appel. Aussi restez correct, voire stoïque ; si les résultats ne vous conviennent pas, ne cherchez pas à discuter avec le juge. Prenez votre carton qualificatif, le double du jugement qui doit vous être remis. Si les règlements ou le standard n'ont pas été respectés, vous pouvez toujours exprimer votre réclamation par écrit à la société canine organisatrice, à la Société centrale canine et au Club de la race, qui ne manqueront pas de donner suite.

• Le jugement

En France, les juges dictent à voix basse leurs jugements au secrétaire de ring. À l'étranger, il est d'usage de commenter publiquement les appréciations des jugements ; ne soyez donc pas surpris si cette méthode est employée par un juge étranger qui officie sur notre territoire.

Suivant la méthode adoptée, le juge pourra rassembler les chiens par lots de même valeur, mettre à l'écart les meilleurs ou les moins bons, ou bien les laisser tous ensemble : il fera tourner les borders individuellement, puis en groupe et procédera par élimination. Compte tenu du peu de borders engagés, c'est cette deuxième méthode qui sera la plus utilisée. De toute façon, le juge ménage le suspense.

• Les gagnants

Le juge désignera le gagnant en apportant au maître un carton 1er prix, le concours ne sera pas terminé pour autant. Après avoir désigné le meilleur mâle et la meilleure femelle (comparatif entre les différentes classes), il comparera le 1er prix Mâle avec le 1er prix Femelle et désignera le Meilleur de la race. Le Meilleur de race concourra ensuite pour le Meilleur de groupe, groupe des terriers en l'occurrence. Le Meilleur de groupe concourra au Meilleur de l'exposition ou Best in show.

> La chance et le hasard

On peut évidemment trouver curieux de faire concourir un border avec un york, un terrier russe et plus encore avec un berger allemand, un bouledogue français ou un épagneul breton. Le but est d'alimenter la compétition ; plus que les mérites intrinsèques du chien, ce sont les qualités du présentateur et la sensibilité des juges qui entrent en ligne de compte. Le mérite du chien, plus le savoir-faire de l'exposant, le contexte, la personnalité du juge : voilà beaucoup de paramètres en jeu – d'où l'existence d'une part de hasard et de chance.

Les récompenses

C'est bien connu : tout travail mérite salaire ! Ces récompenses vont du qualificatif à la place obtenue par le chien en passant par la coupe, la plaque de chenil, pour finir par le diplôme d'homologation du titre de champion. Pour atteindre cette dernière étape, il vous aura fallu obtenir divers CACIB, CACS ou Réserve de CACIB et RCACS, sachant que les réserves ne sont homologuées que si les premiers sont eux-mêmes déjà champions nationaux ou internationaux homologués ou ne peuvent prétendre à l'homologation.

Les classes d'engagement

Classes ouvertes

Pour tous les chiens, à partir de 15 mois, dans les expositions internationales où le Certificat d'aptitude au championnat international de beauté (CACIB) est attribué.

Classes puppy

Pour les chiens de 6 à 9 mois.

Classes débutants

Pour les chiens âgés de 9 mois jusqu'à l'âge minimal requis pour la classe jeunes.

Classes jeunes

Pour les chiens de 12 à 18 mois.

Classes intermédiaires

Pour les chiens de 15 à 24 mois.

Classe champions de beauté

Réservée exclusivement aux chiens déclarés champions de beauté nationaux des pays membres de la FCI et champions internationaux de la FCI, âgés de 15 mois au jour de l'ouverture de l'exposition.

Lot d'élevage

Pour au moins trois chiens de même race, inscrits au LOF (Livre des origines français), sans distinction de sexe, engagés dans une classe individuelle, nés chez le même éleveur mais pouvant appartenir à des propriétaires différents.

> Le CACS (Certificat d'aptitude au championnat de conformité au standard)

Le CACS ne peut être accordé qu'à un chien classé 1er Excellent en classe ouverte ou en classe travail ou en classe intermédiaire, à condition qu'il soit de mérite exceptionnel (cette récompense n'accompagnant pas automatiquement la première place). Les juges font les propositions de CACS d'après les mérites absolus des chiens, sans avoir à vérifier si ceux-ci remplissent les conditions d'âge et d'inscription à un Livre des origines reconnu.

Il appartient à la SCC de s'assurer, pour l'homologation du CACS, que les chiens satisfont aux conditions imposées.

Si le chien classé 2e Excellent est de qualité équivalente à celui ayant obtenu le CACS, il peut lui être accordé la RCACS (réserve CACS).

La RCACS peut être convertie en CACS si le chien proposé pour le CACS :

– ne peut prétendre à l'homologation de cette récompense en raison de son âge ou de ses origines ;

– s'il a déjà le titre de Champion national de beauté.

Nombre de borders engagés en championnat de France organisé par la SCC

Années	Nombre	Juges
1994	10	Le Magnan
1995	13	Borjesson
1996	17	Gauvrit
1997	19	Hexl
1998	16	Prin
1999	21	Oliveira
2000	31	Hammond
2001	41	Calloch
2002	43	Kirshibichler
2003	11	Belin Bernaudin

> Le CACIB (Certificat d'aptitude au championnat international de beauté)

Les propositions CACIB ne sont autorisées que dans les classes ouverte, travail et champion. Seuls peuvent être engagés les chiens ayant atteint l'âge minimum de 15 mois à l'ouverture de l'exposition. L'engagement simultané dans ces trois classes est interdit.

Les classes de jeunes ne peuvent pas prétendre à l'attribution du CACIB.

Les juges font les propositions de CACIB d'après le mérite absolu des chiens, sans avoir à vérifier si ceux-ci remplissent les conditions d'âge et d'inscription à un Livre des origines reconnu.

Il appartient à la FCI de s'assurer que les chiens proposés satisfont aux conditions imposées pour l'homologation du CACIB.

Les chiens inscrits à un Livre des origines d'un pays membre de la FCI ou d'un pays non affilié dont le Livre des origines est reconnu par la FCI peuvent, seuls, être acceptés à l'exposition.

Le CACIB ne peut être accordé qu'à un chien classé 1er Excellent, à condition d'être de mérite exceptionnel.

Les chiens proposés pour la RCACIB (réserve CACIB) peuvent obtenir la conversion en CACIB dans deux cas : soit le chien proposé pour le CACIB ne peut prétendre à l'homologation de cette récompense en raison de son âge, de ses origines, de son inscription LOF à titre initial ; soit il a déjà le titre de Champion international.
Les récompenses décernées ne sont valables qu'après leur homologation par la SCC en ce qui concerne le CACS et par la FCI pour l'attribution du CACIB.

Les différentes expositions

Nous avons la chance de vivre dans un pays où la cynophilie est correctement développée et nous pouvons parcourir l'Hexagone toute l'année tant les sociétés canines régionales nous offrent d'expositions, que celles-ci soient nationales, internationales ou en collaboration avec les clubs de races (patronnées ou spéciales).

> Les expositions nationales

Elles sont organisées par région. C'est au cours de celles-ci que sont délivrés les CACS.

> Les expositions internationales

Elles sont elles aussi organisées par région et, en plus du CACS, les chiens se voient attribuer le CACIB. Ces expositions rassemblent de 1 500 à 3 000 chiens environ sur un ou deux jours.

> La Nationale d'élevage

Organisée par le club de race, cette exposition n'est pas pas multirace. Elle attribue le CACS, qui, comme celui du championnat de France, est indispensable pour obtenir le titre de champion de France de conformité au standard.

S'il est une exposition qui permet d'avoir une vision réelle de la qualité du cheptel d'une race, c'est bien celle-ci.

> Autres

Il existe aussi des présentations qui sont de petites expositions au cours desquelles seul un qualificatif est attribué au chien.

Les qualificatifs

Excellent

Qualificatif attribué à un chien se rapprochant de très près du standard idéal de la race – présenté en parfaite condition –, réalisant un ensemble harmonieux et équilibré, ayant « de la classe » et une brillante allure. La supériorité de ses qualités devra dominer ses petites imperfections, tout en conservant les caractéristiques de son sexe.

Très bon

Qualificatif attribué à un chien parfaitement typé, équilibré dans ses proportions, en bonne condition physique. Il lui sera toléré quelques défauts véniels, mais non morphologiques. Ce qualificatif ne peut récompenser qu'un chien de qualité.

Bon

Qualificatif attribué à un chien possédant les caractéristiques de la race, mais accusant des défauts, à condition que ceux-ci ne soient pas rédhibitoires.

Assez bon

Qualificatif attribué à un chien suffisamment typé, sans qualités notoires ou pas en condition physique.

Le titre de champion national de conformité au standard

Pour obtenir ce titre, le chien doit cumuler :

1) soit le CACS de l'exposition de championnat, soit le CACS de la Nationale d'élevage. Cette exposition devra réunir un minimum de 50 chiens. Dans le cas où le même chien obtiendrait ces deux CACS dans un délai de 2 ans à partir de l'obtention du premier, ces récompenses lui resteraient acquises mais la RCACS de la Nationale d'élevage serait transformée en CACS, sous réserve que le chien l'ayant obtenu remplisse les conditions exigées ci-dessus ;

2) un CACS dans une exposition internationale où est obligatoirement attribué le CACIB ;

3) un CACS soit dans une exposition nationale toutes races, soit dans une exposition à CACIB toutes races, soit dans l'une des Spéciales de race organisées par le Club de race (si cette dernière option est retenue, il appartient au Club d'en informer ses adhérents).

Ces deux derniers CACS devront être obtenus dans un délai maximal de deux ans après l'exposition de championnat ou la Nationale d'élevage.

Les trois CACS devront être obtenus sous trois juges différents.

Quelle que soit la formule retenue, le délai imparti pour présenter la demande d'homologation de championnat de France est limité à 6 mois après l'obtention de la dernière récompense. Passé ce délai, le chien sera déclaré forclos et le titulaire de la réserve de CACS ayant valeur de championnat pourra postuler à l'homologation du titre de Champion.

L'ÉLEVAGE DU BORDER TERRIER

La principale activité « cynophile » est indiscutablement l'élevage : ceux qui participent aux expositions sont dans leur grande majorité des éleveurs – qu'ils le soient devenus par le concours ou non.

Pourquoi élever ?

> LA DIFFICULTÉ DU CHOIX

Si vous avez opté pour un border, c'est ce type qu'il vous faudra rechercher, si vous ne voulez être déçu lorsque votre chien aura atteint l'âge d'un an. Bien sûr, il est terriblement difficile pour un néophyte, recherchant un sujet de qualité, d'être assuré qu'il aura fait le bon choix ; l'éleveur sérieux vous y aidera, si vous lui faites part de vos désirs. Encore faut-il savoir le distinguer ce qui n'est pas chose aisée. Aussi vous faudra-t-il être vigilant, quelques petites astuces vous permettront de détecter le sérieux du bluffeur.

> UN ÉLEVEUR SÉRIEUX

Un véritable éleveur, celui qui se passionne pour une race, n'élève, en général, que celle-ci. Par conséquent, il ne vous proposera donc aucun autre chiot d'une autre race si vous êtes indécis. Il possède une réputation qui dépasse les frontières de son pays et n'hésite pas à les franchir pour concourir dans les plus grands championnats, car il connaît la valeur de ses chiens et leurs chances de gagner.

Ayant fait eux-mêmes l'objet d'une très soigneuse sélection, ses géniteurs ont été de nombreuses fois primés avant de se reproduire, car

un chien gagnant plusieurs titres de champions, dans différents pays sous des juges différents, cela n'est pas le fruit du hasard et vous pouvez être assuré d'avoir à faire à un excellent chien, bien dans le type de la race.

• Des critères à prendre en considération

Un bon chien ne doit pas simplement être beau, il doit aussi posséder un caractère à la hauteur de son esthétique. Car imaginez-vous vivre avec un chien superbe, mais totalement caractériel ou peureux, cela risque d'être l'esclavage durant plus de quinze années ! Et dites-vous bien que, pour assurer une carrière d'exposition, un border doit posséder un moral d'acier, un tempérament calme et à toute épreuve, au même titre qu'un top modèle.

Les voyages, les avions, les décalages horaires, les séances de toilettage et les entraînements pour se présenter en beauté ne sont pas de tout repos, et seul un chien bien équilibré sera complaisant et ravi de partager cette vie de star avec vous.

• Quelques conseils

L'éleveur sérieux vous offrira beaucoup de son temps. D'abord, le premier contact téléphonique vous donnera une idée de sa moralité et aussi de sa façon d'élever ; écartez les annonces où il est mentionné de téléphoner le soir, cela signifie que la maison est déserte toute la journée et les chiots livrés à eux-mêmes. Une fois sur place, si de votre côté vous souhaitez avoir un maximum d'éléments pour vous décider, sachez que le bon éleveur, soucieux du devenir de son chiot, vous interrogera de façon précise, afin de savoir si vous êtes en mesure d'offrir une vie correcte à sa progéniture. Par conséquent, ne vous offusquez pas de sa curiosité, ce n'est pas de l'indiscrétion mais le reflet de l'intérêt qu'il porte à votre futur couple maître/chien. S'il estime que vous ne possédez pas le bon profil, il refusera probablement de vous céder un chiot, et ce sera tout à son honneur. Trop d'éleveurs vendent sans se préoccuper de l'avenir. C'est dommage ! De toute façon, préférez un éleveur dont les chiens vivent auprès de lui et non en chenil.

• Faire la distinction entre éleveur et particulier

Très souvent, l'élevage canin est considéré comme une façon de gagner sa vie « en restant à la maison » ou encore comme une activité complémentaire. Or cette activité doit être une passion qui, certes, n'est pas obligatoirement déficitaire, mais qui ne doit pas être envisagée comme un métier accessible à tout un chacun du jour au lendemain.

L'élevage de bons chiens est « artisanal » et non industriel. Il faut savoir faire la différence entre un éleveur et un particulier. Ce dernier réalisera quelques portées dans l'année dans un but purement lucratif, sans se soucier d'une quelconque sélection. De surcroît, ces chiots élevés clandestinement ne font l'objet d'aucune garantie légale ni sanitaire ; ils restent pour la plupart seuls toute la journée, puisque leurs maîtres sont partis travailler. Ils n'ont donc aucune socialisation et sont souvent séparés trop tôt de leur mère, sans avoir jamais été les bénéficiaires d'une hygiène de vie, pourtant indispensable à leur croissance et à leur épanouissement. Cela, les particuliers se garderont bien de vous le dire.

• Les mauvaises raisons

Beaucoup de propriétaires de femelle, que nous appelons « particuliers », élèvent occasionnellement une portée, parce qu'ils pensent que l'expérience de la maternité est indispensable à l'épanouissement d'une chienne. Sexualité et maternité paraissent naturelles et,

si vous laissez votre chienne border vaquer en liberté, nul doute qu'elle donnera naissance à une portée.

Sachez tout de même que ne pas offrir les joies de la maternité à votre chienne n'est absolument pas « antinaturel » et que, si elle fait des « grossesses nerveuses » à répétition, une portée ne supprimera ce phénomène que pour une courte durée.

Un manque d'équilibre caractériel ne sera pas non plus résolu par la maternité. Le caractère naturel de la chienne reviendra une fois la portée élevée.

• La qualité a un prix

La sélection coûte cher et la qualité a forcément un prix un peu plus élevé. Il sera judicieux de se méfier des prix trop au-dessous de la moyenne. La moyenne pour un chiot inscrit au LOF et issu de parents très convenables se situe entre 600 et 900 euros et peut atteindre 1 200 et 2 000 euros pour des sujets issus de grands champions, chiots qui ont toutes les chances d'être des sujets totalement irrésistibles. Mais il est évident que vous ne trouverez ces perles rares que chez les éleveurs avertis, les passionnés ayant d'excellentes références et quelques années d'expérience de la race derrière eux, ainsi que quelques grands champions à la maison qu'ils auront produits eux-mêmes et non pas achetés ailleurs. Les éleveurs sélectionnent leurs géniteurs, ils ne reproduisent qu'avec des chiens confirmés LOF. Ils garantissent les chiots qu'ils vendent et sont toujours disponibles pour vous, même après la vente.

Quel élevage ?

Bien que soit révolu le temps où la cynophilie était pratiquée par un cercle restreint d'amateurs passionnés aux revenus confortables, il vous faudra, si vous souhaitez élever des borders, être un amoureux inconditionnel de la race. Cette race est encore trop méconnue sur notre territoire, pour que vous puissiez en faire votre métier, voire une activité commerciale. Cet élevage, s'il ne vous ruine pas, ne sera pas une source de revenus suffisante pour en vivre. Le risque est grand de ne pas parvenir à vendre vos chiots.

> Vos objectifs

Si vous voulez d'abord vous amuser, alors des installations modestes suffiront. Même si les candidats éleveurs arrivent à trouver les moyens de leur passion, qu'ils ont réellement acquis au sein de la cynophilie une certaine connaissance du chien théorique et pratique, il leur manque encore très souvent quelque chose d'essentiel : le réalisme financier. La clé du succès, en plus d'une véritable motivation, est assurément la compétence en matière de comptabilité. Si ce domaine vous dépasse (vous ou votre entourage immédiat), abandonnez immédiatement l'idée de devenir un éleveur professionnel, parce que vous courez tout droit à la catastrophe.

> Quelques conseils

Vous voulez élever des borders, participer à la promotion de la race et faire découvrir au public cette joie qu'est la vie avec un border, quelques conseils sont indispensables :

– l'élevage est une activité imposable. Ne tentez pas de vous soustraire à l'impôt, les dénonciations vont bon train et les inspecteurs des impôts consultent les petites annonces ;

– tenez une comptabilité souple (recettes et dépenses), conservez les factures et toutes les pièces justificatives ;

– renseignez-vous auprès de votre inspecteur des impôts pour choisir le mode d'imposition le plus en rapport avec votre activité ;

– demandez un affixe (nom de votre élevage qui sera porté par votre production).

Avez-vous le profil d'un éleveur de chiens ?

Il ne suffit pas d'aimer les animaux pour pratiquer l'élevage canin. Beaucoup de jeunes (et de moins jeunes) rêvent, en fait, d'exercer une activité « proche de la nature ».

> La routine

L'éleveur de chiens est, en premier lieu, quelqu'un qui est capable de supporter sans broncher une certaine routine. Son activité est parfaitement réglée, quotidiennement et tout au long de l'année. Bien sûr, chaque accouplement permet d'espérer quelque chose de nouveau, les naissances représentant toujours un événement merveilleux. Mais nourrir, entretenir et nettoyer sont des activités nettement moins prestigieuses qu'il faut pourtant accomplir très consciencieusement.

> Une activité très prenante

L'élevage est une activité très prenante, où les heures ne se comptent pas. C'est un aspect à ne pas négliger pour la vie de famille et/ou professionnelle. Si vous êtes un rêveur, cette vie ne vous conviendra pas, de même si vous avez le goût d'entreprendre, d'aller de l'avant, vous vous sentirez vite prisonnier dans ce cadre sans surprise majeure. Pour en avoir le cœur net, faites un stage d'employé de chenil ou proposez d'aider bénévolement un éleveur.

L'éleveur de chiens est enfin quelqu'un de persévérant. Aucune déception dans les concours (où il y a, par définition, bien plus d'appelés que d'élus), aucun ennui sanitaire, ni souci financier ou problème personnel ne

peuvent venir à bout de son acharnement à porter haut et loin son affixe (ou nom d'élevage).

Où élever ?

Il faut prendre soin d'installer son élevage dans un endroit facile d'accès, notamment en voiture, soit en ville, soit en périphérie. C'est là que se trouve la clientèle potentielle, et c'est d'ailleurs en ville que nous rencontrons le plus de chiens de race. La région parisienne n'étant pas la France, vous pourrez vous installer dans n'importe quelle autre région, qui comporte une agglomération de plus de 100 000 habitants.

Comme nous l'avons vu, le border est un chien très vif avec un caractère exceptionnel. Pour lui conserver l'ensemble de ses qualités, il convient d'élever le border en famille, dans une maison. Il est préférable de disposer d'un jardin pour qu'il puisse s'ébattre à sa guise.

Comment élever ?

> Un emplacement déterminé

L'élevage des chiots ne peut pas se concevoir dans une remise ou un garage, pas plus que dans une salle à manger ou une cuisine. Il faut du calme, de la chaleur et la lumière naturelle du soleil. La température du panier où sont installés les chiots doit être de 30 °C, pendant les dix premiers jours, et passer progressivement à 20 °C à l'âge d'un mois. Vous pourrez utiliser une lampe à infrarouge que vous placerez à 1 m au-dessus du nid. La maternité doit laisser pénétrer le soleil car, sans rayons ultraviolets, le calcium ne se fixe pas correctement.

> Le parc

Un parc vous sera indispensable, il sera semblable à ceux qu'utilisaient nos grands-mères il y a trente ans. Pour une portée de borders, un parc de 12 m^2, soit 4 m sur 3, semble suffisant – cela s'adresse à un élevage familial comprenant moins de dix chiens. Entre dix et cinquante chiens, il faut respecter les prescriptions des installations classées, édictées par le service du même nom de votre préfecture. En voici les grandes lignes :

– implantation à plus de 100 m d'une habitation (et d'un camping) ;

– sol au revêtement imperméable menant vers un ouvrage d'épuration ou à l'égout public ;

– eau potable sous pression ;

– nettoyages, lavages et désodorisations quotidiennes ;

– clôtures pour éviter la fuite des chiens, lesquels ne doivent pas apercevoir la voie publique.

Au-delà, l'élevage entre dans la catégorie des installations soumises à autorisation (et enquête préalable).

Entre dix et cinquante chiens, la marge est grande ; s'il vous est possible de vous occuper,

seul, de dix chiens, il n'en sera pas forcément de même pour plus. Vous devrez vous faire assister d'un employé, voire de plusieurs.

> La socialisation des chiots

Les critères pratiques ne sont pas les seuls à prendre en considération. Comme nous l'avons déjà souligné au chapitre du développement psychique, un chiot doit être préparé à vivre dans un environnement beaucoup moins calme que son élevage de naissance. La socialisation des chiots est donc un aspect très important de l'élevage. C'est d'ailleurs en cela qu'un bon élevage se distingue d'un élevage purement agricole, à haute rentabilité.

La voie la plus raisonnable pour conférer aux chiots borders une bonne adaptation dans leur famille d'accueil consiste à laisser une dimension familiale à l'élevage. Il est ainsi plus facile de les habituer à la voiture, à la maison et aux manipulations par différentes personnes, dont les enfants. Rappelons qu'un chiot ayant trois mois révolus et n'ayant connu d'autre humain que son soigneur sera incapable de vivre parmi les hommes. Ce sera un chien malheureux et perpétuellement sur le qui-vive.

> Les reproducteurs

Le phénotype (forme, comportement, aspect physique, etc.) et le génotype (l'hérédité) doivent être soigneusement étudiés et analysés au travers des pedigrees.

L'éleveur doit veiller à ce que les reproducteurs soient exempts de défauts morphologiques ou de problèmes caractériels. Si une attention particulière est portée à l'étalon, c'est parce que sa fécondité peut être très importante et qu'à 50 % il peut améliorer ou démolir une race.

La femelle, en bonne condition physique et psychologique, doit être saine et correspondre au standard.

> La période de présevrage du chiot

La bonne santé d'un chiot dépend bien sûr des conditions d'hygiène dans lesquelles il est né et a évolué avant d'arriver chez vous. Il ne suffit pas qu'il soit issu d'une mère bien nourrie. La période du présevrage du chiot est très importante, d'autant plus qu'elle se réalise vers l'âge de quatre semaines et s'effectue sur deux ou trois semaines pour atteindre un sevrage définitif.

Si la portée est assez nombreuse – plus de cinq chiots –, maman border aura bien du mal à fournir assez de lait pour contenter tous ses chiots, au-delà de leur quatrième semaine de vie. Les bébés réclameront donc un supplément et c'est à cette période que le professionnalisme de l'éleveur entre en jeu.

Une première bouillie savamment dosée à base de protéines, de viande, mais aussi de lait maternisé viendra composer leur supplément pour, ensuite, se substituer à l'alimentation maternelle. Les premiers jours, une, puis deux bouillies par jour pour arriver à trois à la fin de la première semaine de sevrage. Le lait de la mère border (moins sollicitée en tétées) se tarira petit à petit, et tout naturellement ses chiots préféreront ces plats de bouillie plus consistants, qui répondent mieux à leurs exigences de jeunes goulus.

Les quelques tétées que leur mère les autorise à prendre restent bénéfiques pour eux, non sur un plan nutritionnel, mais sur un plan purement psychologique.

> La rupture mère/chiot

Celle-ci se fait tout en douceur et il n'y a pas de sentiment de frustration de part et d'autre. La mère aura élevé ses chiots et ne présente aucune carence. De plus, ceux-ci, mangeant convenablement et à heures fixes, n'auront pas eu à motiver leur mère à régurgiter pour leur

apporter les éléments essentiels à leur croissance.

> Vermifugations et rappels

En plus de cette alimentation équilibrée, le chiot aura été vermifugé dès son plus jeune âge. Ensuite, vous suivrez les conseils que votre éleveur vous aura donnés : administrer un vermifuge chaque mois jusqu'à l'âge de huit mois et faire un rappel de vaccination de trois à quatre semaines après la première injection contre les maladies du jeune âge. Primo-injection que votre chiot aura reçue chez son éleveur et avant son départ.

La reproduction

> Les normes physiologiques de la chienne

Une chienne est sexuellement mûre entre huit et dix mois. Lors des chaleurs, la vulve gonfle, ensuite apparaissent des pertes de sang et, durant cette période, la femelle refuse le mâle. Puis, ces pertes vont s'éclaircir et devenir plus fluides. C'est environ entre le 10 et le 13e jour qui suit la première perte de sang que la chienne est fécondable et qu'elle accepte, voire recherche, le mâle.

C'est seulement aux deuxièmes chaleurs que la femelle sera fécondée. À ce moment, elle sera mature, physiquement et psychologiquement, et pourra assurer la mise bas et l'élevage de ses bébés.

La femelle ne sera pas fécondée lors de chaque cycle, mais seulement une fois sur deux, car elle doit toujours être en excellente condition physique. L'intervalle entre chaque cycle dure entre six et huit mois, il est variable d'une chienne à l'autre.

La gestation dure entre 60 et 65 jours. Ce n'est qu'après la lactation que la femelle connaîtra « la paix hormonale » ou anœstrus.

> La saillie

Aux alentours du 11e jour du début des pertes sanguines (pertes hématiques), la femelle est prête à être fécondée. Elle recherche le mâle, s'en approche, s'en éloigne, puis lui présente sa vulve, la queue placée sur le côté. Le mâle la sent, se dresse sur ses pattes arrière, les pattes avant entourant presque le corps de la chienne, et son pénis la pénètre. Deux facteurs empêchent la séparation : le volume du gland augmente considérablement et, chez la chienne, les muscles du vagin se contractent. La durée du coït est variable : de dix à trente minutes, voire plus. Pour ne prendre aucun risque, vous pouvez, durant l'accouplement, maintenir et aider les deux partenaires.

Le système de fécondation est sensiblement le même que chez l'homme, sauf que, chez le chien, les naissances sont multiples.

> La fécondation artificielle

Si vous choisissez un reproducteur qui ne vous appartient pas, ayez plutôt recours à la fécondation artificielle, afin d'éviter les maladies contagieuses et transmissibles au moment de la saillie.

> La gestation

La gestation commence le jour de la fécondation. Les 40 premiers jours, rien (excepté la palpation d'une personne exercée), physiquement, ne laisse entrevoir une grossesse. C'est environ 42 jours plus tard que le ventre de votre chienne s'arrondit. Une radiographie, entre le 45e et le 50e jour, confirme ou non la grossesse. Ses mamelles gonflent et deviennent légèrement rosées. Son régime alimentaire doit

Les normes physiologiques de la chienne

Durée des chaleurs

Environ 3 semaines (pro-œstrus et œstrus).

Cycle

Pro-œstrus : environ 10 jours (avant les chaleurs).

Œstrus : de 7 à 10 jours (période d'ovulation).

Postœstrus : de 6 à 8 jours (après l'ovulation).

Anœstrus : jusqu'au cycle suivant (en principe, il y a deux cycles par an).

Saillie

Première saillie : attendre de préférence les deuxièmes chaleurs.

Moment optimal pour la saillie : en principe du 10e au 13e jour ; le mieux est souvent de présenter la chienne le 10e jour, puis le 12e jour.

Il est à noter que l'ovulation est parfois beaucoup plus tardive : différentes techniques existent pour cerner le bon moment, comme les frottis vaginaux et le dosage de la progestérone.

Durée de la gestation

Dans la majorité des cas : de 61 à 63 jours.

Variations : de 56 à 70 jours.

Prolificité moyenne chez le border

De 3 à 6 chiots par portée.

comporter du calcium, des vitamines et des sels minéraux. Avant la mise bas, vous garantirez à la future maman border une vie au calme, sans stress, sans jeux brusques, ni agitation.

> La mise bas

• Le signe avant-coureur

Le signe avant-coureur d'une mise bas est la chute de la température corporelle de la chienne. Prenez sa température matin et soir, à partir du 57e jour, vous observerez des hauts et des bas. Lorsque la température tombe à 37 °C, voire au-dessous, la mise bas intervient, en général, dans les vingt-quatre heures.

• La préparation

Il faut surveiller la chienne en permanence et préparer les ustensiles nécessaires (coton, ciseaux, compresses, désinfectant, tissu propre, bouillotte, couverture chauffante ou la lampe infrarouge, panier, montre).

Avant la mise bas, la chienne est nerveuse, mal à l'aise, elle cherche un petit coin, sa respiration est irrégulière, elle gratte et met en lambeaux les tissus de son panier.

• Le déroulement

Aux premières contractions, un ballon (la poche d'eau) apparaît à la vulve. La mise bas est imminente. Placez votre chienne dans une corbeille en matière plastique garnie de tissu propre. La chienne perce la poche des eaux, elle a des contractions et le chiot est expulsé. Dégagez (si la mère ne le fait pas) le chiot de sa poche, en commençant par la tête, et coupez le cordon ombilical à environ 3 cm avec une paire de ciseaux désinfectée. Massez le chiot et essuyez les traces de liquide sur le museau. Une fois que le chiot respire correctement, placez-le dans un panier sur un tissu propre, et au chaud.

Après chaque naissance, changez les tissus qui garnissent le panier de la mère. Comptez

les placentas ; chaque chiot a le sien, et ils doivent tous être expulsés, si ce n'est avec le chiot, ce sera avec le suivant.

• La durée

Une mise bas peut être rapide, mais il n'est pas rare qu'elle dure plusieurs heures. Ne laissez jamais passer plus de trois heures entre deux chiots, et n'hésitez pas à consulter votre vétérinaire.

• Les cas particuliers

Surtout, ne jouez pas aux apprentis sorciers en faisant des injections pour faire venir les contractions ; mal dosées, elles peuvent faire éclater l'utérus.

Si un chiot se présente par les pattes arrière, il vous faudra sans doute aider votre chienne. Avec une compresse, prenez la partie du chiot apparente et tirez-le délicatement en le faisant glisser vers le ventre de la mère. Ne tirez jamais vers l'extérieur, ni sur la queue du chiot car elle pourrait vous rester dans les mains. Ensuite, les gestes sont les mêmes que pour une naissance par la tête.

• Les premiers soins

La mise bas terminée, votre chienne doit se reposer, être câlinée et rester au calme. Elle doit disposer d'un panier toujours propre, d'une alimentation abondante et équilibrée. Vous veillerez à prévenir une éventuelle crise d'éclampsie par un apport supplémentaire de calcium. Vous pouvez même lui préparer un petit remontant constitué de :

– 1/4 de litre de lait tiède entier ;
– 1 jaune d'œuf cru ;
– 2 cuillères à soupe de miel ;
– 1 cuillère à soupe de carbonate de calcium ;
– 1 cuillère à soupe de Galactogyl (qui favorise la montée de lait).

Les normes d'élevage

Dimensions du nid de mise bas

Longueur : longueur de la chienne sans la queue x 1,5.

Largeur : taille au garrot de la chienne x 1,5.

Dimensions d'un enclos

Longueur de l'enclos : largeur x 2.

Largeur de l'enclos (en mètres) : $\sqrt{t \times 0{,}6}$

(t = la taille au garrot).

Température de la maternité

En ambiance : 20-25 °C.

Les dix premiers jours (au niveau du nid) : 30 °C.

Les vingt jours suivants (au niveau du nid) : 25 °C.

À partir de l'âge d'un mois (au niveau du nid) : 20 °C.

Calendrier des vermifugations de la chienne

– 10 jours avant la saillie ;

– 10 jours avant la date présumée de mise bas ;

– 10 jours après la naissance ;

– tous les 15 jours jusqu'au sevrage.

On peut, en outre, revacciner la chienne de une à deux semaines avant la saillie. Elle transmettra ainsi à ses chiots, via le colostrum, davantage d'anticorps.

> L'alimentation de la chienne allaitante

Donnez à votre chienne plusieurs repas par jour composés d'aliments très énergétiques et de très bonne qualité, comme la viande hachée, le poulet, les pâtes, le fromage blanc à 60 %, le riz, le gruyère et le jaune d'œuf…

La petite famille sera installée dans une pièce bien éclairée naturellement, très bien chauffée et fermée, sinon maman border – qui est une très bonne mère – transportera sa progéniture là où vous vous trouvez : de la cuisine au salon.

La sélection

> Phénotype et génotype

Nous l'avons vu précédemment la sélection est primordiale pour le maintien et l'amélioration de la race. Pour la reproduction, vous choisirez des sujets, si ce n'est parfaits, au moins exempts de toute tare. Nous portons autant d'attention à ce que nous voyons, c'est-à-dire au phénotype, qu'à ce que nous ne voyons pas forcément, soit au génotype, qui peut se découvrir en étudiant le phénotype des parents, enfants, frères et sœurs.

> La consanguinité

Pour fixer un caractère, la pratique de la consanguinité est indispensable. Mais attention, si elle fixe les qualités, elle fixe aussi les défauts, et, pratiquée de façon étroite, elle engendre des individus peu féconds, voire stériles ; c'est donc avec prudence que vous la pratiquerez.

> La reproductrice

La reproductrice est, bien sûr, confirmée, et en pleine santé. Elle n'est pas obligatoirement championne, mais sera très typée. Cette chienne aura été achetée dans un élevage sérieux dont la lignée est homogène.

Une reproductrice aux origines très mélangées ou quelconques ne vous permettra pas de sélectionner vos propres chiots.

> L'étalon

L'étalon sélectionné aura fait ses preuves, et vous aurez vu certains de ses descendants en ring. Il sera certainement père de champions, voire Élite.

Ce qui importe aussi, c'est le nombre de ses descendants, issus de mères différentes, qui se sont fait remarquer. Le bon étalon est celui qui conviendra le mieux à votre chienne du point de vue de leurs qualités respectives.

• Son pedigree

Un pedigree prestigieux, comportant de nombreux ancêtres champions et dans lequel reviennent des noms d'affixes très réputés, n'a de valeur que si vous savez à quels chiens cela correspond, quels étaient leurs qualités et leurs défauts respectifs et dans quelle mesure ils avaient aussi la capacité de les transmettre à leur descendance.

Ne vous laissez pas impressionner par de prétendus spécialistes, qui peuvent juger de la valeur d'un étalon juste en jetant un œil sur sa généalogie. Comme il est fort difficile d'avoir en mémoire toutes les caractéristiques des élevages et de leurs reproducteurs, il s'agit le plus souvent d'une collection de rumeurs sans aucune valeur.

Bien entendu, l'étalon disons « correct » le plus proche de chez vous n'est pas non plus la meilleure solution.

Définitions

Phénotype : c'est l'apparence extérieure du chien, c'est-à-dire ce que vous voyez. Mais faut-il se fier à l'apparence ? Assurément non ! Si le chien n'est pas « typeur », il reproduira peu de son apparence. ; en revanche, s'il l'est, son empreinte marquera ses chiots, quelle que soit sa partenaire. Cette empreinte dépendra de son génotype.

Génotype : c'est le schéma des gènes transmis à votre chien par ses ascendants. Il est possible de le deviner à travers le pedigree : il faut simplement bien connaître la lignée et ses descendants. Un chien, même très beau, fixera beaucoup plus difficilement son type si sa lignée est très mélangée.

• Les élevages d'origine

Veillez à ce qu'il y ait une correspondance entre l'élevage d'où provient votre chienne et celui de l'étalon, du point de vue de leurs qualités reconnues, voire des familles et des lignées dont ils sont issus.

• Demandez conseil

Renseignez-vous auprès des éleveurs expérimentés, des juges spécialistes de la race et des membres du Club.

N'imaginez pas que marier deux champions nous apportera systématiquement des champions. Ce dont nous sommes sûr, en revanche, c'est qu'en sélectionnant correctement vos reproducteurs, les chiens produits seront de bonne qualité.

Quelques notions de génétique

Nous savons ce que sont le phénotype et le génotype. Nous savons aussi que le phénotype découle du génotype, que le patrimoine génétique est transmis aux chiots à 50 % par le père et à 50 % par la mère.

> La couleur du poil

Nous allons étudier ici la couleur et la texture, mais sans oublier que le nombre de caractères formant un chien est important (morphologie, type, caractère, etc.).

• Les gènes

À chaque caractère deux paires de gènes antagonistes : un gène dominant et un gène récessif. La couleur du poil est affectée de multiples gènes. Ces gènes aboutissent à la formation des caractéristiques de la couleur et de la texture du poil.

• En théorie

Si nous marions deux sujets de même couleur avec le poil dur sans gène récessif donc porteur d'un double et même gène, nous aurons des chiots de cette même couleur et avec le poil dur.

Si nous marions deux sujets, l'un rouge avec le poil dur sans gène récessif, l'autre rouge avec le poil dur mais porteur pour moitié du gène récessif, nous aurons des chiots rouges avec le poil dur porteurs des deux gènes. Or le gène

dominant empêchera le gène récessif de s'exprimer.

Si nous marions deux sujets bleu et feu, avec le poil dur mais porteurs de deux gènes, nous aurons la moitié des chiots bleu et feu avec le poil dur porteuse des deux gènes, le quart porteur du gène dominant et le dernier quart porteur du gène récessif.

Si nous marions deux sujets porteurs du gène récessif, tous les chiots seront porteurs du gène récessif.

• En réalité

Il s'agit bien sûr de théorie, sachant qu'il faut un échantillonnage très important et pas seulement une portée de quatre chiots pour qu'elle soit exacte.

Parfois, le caractère dominant peut être imparfait et ne pas complètement dominer le caractère récessif. C'est ce phénomène qui engendre des borders dont la texture du poil n'est pas parfaite ; le poil est mou.

Avec son système glandulaire structuré et héréditaire, le chiot fera la transition de sa couleur.

> Le système glandulaire

Le système glandulaire est directement lié à la combinaison des gènes, transmis par le père et la mère, et détermine la santé et la structure du chiot. Il est responsable de la pigmentation du poil, de la peau, des yeux, du nez et des ongles.

Ce sont les glandes qui, en fonction des gènes, produiront un poil dont la couleur et la texture seront bonnes ou mauvaises.

En règle générale, nous pouvons affirmer qu'un chiot qui présente des poils d'une texture cotonneuse sera doté à l'âge adulte d'un poil plus ou moins mou et manquera de sous-poil. Une bonne texture se reconnaît au toucher : le poil est dru dense et le sous-poil serré.

Annexes

> Champions de France homologués

1991

– Malice Bleue Denfer, femelle à Mlle Charmeaux
– Chinchin Cicely of The Half House, femelle à Mme Crucq

1992

– First Gentleman de la Maestria, mâle à M. Le Magnan
– Malice Bleue Émile, mâle à Mme Mussard
– Malice Bleue Everly Lady, femelle à Mlle Charmeaux
– Farway l'Oiseau Français From Tyrian, mâle à Mme Aman
– Fyrian French Collection, femelle à Mme Aman

1993

– Malice Bleue for Malice Bleue Lady, femelle à Mlle Charmeaux
– Malice Bleue Froosty Knight, mâle à Mlle Charmeaux
– Malice Bleue Grizzle, mâle à Mlle Charmeaux
– Malice Bleue Guatemala Shady Blue, femelle à Mlle Charmeaux
– Malice Bleue Hun Certain Look Denfer, femelle à M. Bobek

1994

– Hidalgo du Rocher Rouge, mâle à Mme Aman

1995

– Malice Bleue I Love You, femelle à Mlle Charmeaux
– Malice Bleue High Society, mâle à Mlle Charmeaux
– Hamstead Marshall de la Maestria, mâle à Mme Herpe
– Itack de la Luatière, mâle à Mme Carter

1996

– Malice Bleue is an Octopussy, femelle à Mlle Charmeaux
– Malice Bleue Ipse-Yane, femelle à M. Fourneaux
– Malice Bleue Jéricho, mâle à Mme Belet
– Malice Bleue J'Naomi, femelle à M. Bobek
– Malice Bleue je t'Aime Moi Non Plus, femelle à M. Bobek et Mlle Charmeaux
– Malice Bleue Just Tender Blue, mâle à M. Bobek et Mlle Charmeaux

1998

– Blue Mére at Plushcourt, femelle à M. Bobek et à Mlle Charmeaux
– Malice Bleue Moi Vouloir Toi, mâle à M. Bobek et Mlle Charmeaux
– Cucklington Rollo, mâle à Mmes Fernhout et Belin
– Majeika Red Comet, femelle à Mme Belin

1999

– Pitlochry's Chip, mâle à Mme Belin-Bernaudin
– Foxforest Sweet Dream, femelle à M. Bobek et à Mlle Charmeaux

2000

– Malice Bleue out of Africa, femelle à M. Bobek et Mlle Charmeaux
– Pichlory's Buster, mâle à Mmes Belin-Fernhout

– Newska de l'Étoile Enchantée, femelle à Mme Evrard
– Donna V-H-Wachtuis, femelle à Mmes Belin-Fernhout
– Orpheus Ramazotti, mâle à Mme Hemet

2002
– Glen Mara Red Puppet, femelle à Mme Belin-Bernaudin
– Malice Bleue pour un Flirt avec Toi, femelle à Mme du Breil
– Rapiette de Kibefa, femelle à Mme Doucedame
– Glen Mara O'George, mâle à Mme Mariot

2003
– Cheeky Chum's Joyce, femelle à Mme Hemet
– Malice Bleue Macchu Picchu, femelle à M. Bobek et Mlle Charmeaux
– Malice Bleue Rue de la Paix, femelle à M. Bobek et Mlle Charmeaux
– Malice Bleue Richard Cœur de Lion, mâle à Mme Legrand

> Champions internationaux de beauté homologués

1991
– Malice Bleue Dark Knight, mâle à Mlle Charmeaux

1992
– Malice Bleue Denfer, femelle à Mlle Charmeaux

1993
– Biddestone Pickled Pepper, mâle à M. Le Magnan

1995
– Malice Bleue High Society, mâle à Mlle Charmeaux
– Malice Bleue Hun Certain Look Denfer, femelle à M. Bobek

1996
– Malice Bleue For Malice Blue Lady, femelle à Mlle Charmeaux
– Malice Bleue I Love You, femelle à M. Bobek

1997
– Itack de la Luatière, mâle à Mme Carter
– Malice Bleue J'Naomi, femelle à M. Bobek
– Malice Bleue Jéricho, mâle à Mme Belet

1998
– Malice Bleue Just Tender Blue, mâle à M. Bobek et Mlle Charmeaux
– Malice Bleue je t'Aime Moi Non Plus, femelle à M. Bobek et Mlle Charmeaux

1999
– Malice Bleue Moi Vouloir Toi, mâle à Mlle Charmeaux et à M. Bobek
– Moutaineer du Rocher Rouge, mâle à M. Duchene

2002
– Redrob Jayne Mansfield, femelle à Mme V. D. Hout
– Malice Bleue Paparazzi, mâle à Mlle Bolmont

2003
– Malice Bleue Play with Fire, mâle à M. Bobek et Mlle Charmeaux
– Malice Bleue Private Collection, femelle à M. Bobek et Mlle Charmeaux
– Malice Bleue Rien que pour vos Yeux, femelle à M. Bobek et Mlle Charmeaux

De 1996 à 2003, 150 border terriers ont été homologués champions internationaux de beauté, dont 14 chiens français.

	Grand prix pedigree	Masters de l'élevage
1990	Malice Bleue Denfer Holmelunds Lurifaks	Malice Bleue
1991	Chinchin Cicely of The Half House	Of The Half House
1992	Malice Bleue Froosty Knight	Malice Bleue
1993	Malice Bleue Hun Certain Look Denfer	Malice Bleue
1994	Malice Bleue Hun Certain Look Denfer Malice Bleue High Socièty	Malice Bleue
1995	Malice Bleue Hun Certain Look Denfer	Malice Bleue
1996	Malice Bleue Hun Certain Look Denfer	Malice Bleue
1997	Malice Bleue Hun Certain Look Denfer	Malice Bleue
1998	Malice Bleue Hun Certain Look Denfer	Malice Bleue
1999	Malice Bleue Hun Certain Look Denfer	Malice Bleue
2000	Malice Bleue Hun Certain Look Denfer	Malice Bleue
2001	Malice Bleue Hun Certain Look Denfer	Malice Bleue
2002	Nipper of Wellsfold	Malice Bleue
2003	Quatford Quatro	Malice Bleue

> Trophée Atout chien

1998
– Malice Bleue Hun Certain Look Denfer

1999
– Malice Bleue Hun Certain Look Denfer

2000
– Malice Bleue Hun Certain Look Denfer

2001
– Malice Bleue Hun Certain Look Denfer

Adresses utiles

Fédération cynologique internationale (FCI)
Place Albert Ier, 13
B-6530 Thuin (Belgique)
Tél. : 003 32 71 59 12 38
Fax : 00 32 71 59 22 29
http:/www.fci.be

Société centrale canine (SCC)
155, avenue Jean-Jaurès
93535 Aubervilliers cedex
Tél. : 01 49 37 54 00
http:/www.scc.asso.fr

Club français de l'airedale terrier et de divers terriers (CFAT & DT)
Grandville
44810 Heric
http://www.cfatdt.com

Border terrier Club de France (BTCF)
La Degenterie
45320 Courtenay
Tél. : 02 38 97 01 87
Fax : 02 38 97 31 99
http://www.borderterrier.ifrance.com/border-terrier/

Club royal belge de terriers
Monique Van Brempt
Paviljoendreef 28
2970 S-Gravenwezel
Belgique

Bibliographie

> Les livres

GILLOT W. M., *Border Terrier Records 1920-1993,* Gillot, 1993.

JACKSON Jean et Franck, *All about the Border Terrier,* Pelham Book, 1989.

JACKSON Franck et IRVING Ronald, *Border Terrier,* Foyle Ltd., 1987.

JUDGE Betty, *Border Terrier,* Ringpresse, 1999.

REILY COLLINS Vérité, *About The Border Terrier,* Ed. Kingdom Books, 1997.

ROSLIN-WILLIAMS Anne, *Border Terrier Today,* Ed. Ringpress Books Ltd., 1996.

NB : Il n'existe pas d'ouvrages sur le border terrier en langue française.

Voici un fonds de bibliothèque pour l'éleveur :

KRANKLING Eléanor (Dr), *Pratique et génétique de l'élevage canin,* Éd. Crépin-Leblond, 1986.

LUQUET Maurice (Dr), *Le chien : morphologie, extérieur, esthétique,* Éd. Maloine, 1971. (Ce livre présente tout ce que le cynologue doit connaître pour apprécier le chien en général et chaque race en particulier.)

RÄBER Hans (Dr), *Bréviaire de l'élevage moderne du chien,* Éd. Maloine, 1978.

L'ouvrage du Dr Krankling et celui du Dr Räber, écrits par des scientifiques possédant une grande expérience de l'élevage des chiens, présentent d'une manière accessible toutes les notions de génétique appliquée.

> Les revues

***Atout Chien* (mensuel)**
Complexe industriel de La Hunière
78120 Sonchamp

***Cynomag* (bimestriel)**
Complexe industriel de La Hunière
78120 Sonchamp

Index

Dans la même collection

- *L'Européen,* Brigitte Bulard-Cordeau.
- *Le Persan,* Brigitte Bulard-Cordeau.
- *Le Chartreux,* Christiane Sacase.
- *Le Sacré de Birmanie,* Catherine Kretz.
- *Le Norvégien,* Martine Casteran.
- *Le Maine coon,* Philippe Noël.

- *Le Bouvier bernois,* Chantal Leclercq.
- *Le Lévrier afghan,* Martial Robin.
- *Le Labrador,* Gérard Sasias.
- *Le Basset-hound,* Jacques Médard-Ringuet.
- *Le Cavalier king charles,* Danielle Marchand.
- *Le Dobermann,* Angélique Heynard.
- *Le Briard,* Catherine Fauguière.
- *Le Chien de Saint-Hubert,* Jean-Pierre Boitard.
- *Le Berger allemand,* Marc Renaud.
- *Le Yorkshire terrier,* Alain Bobek.
- *Le Whippet,* Lise Mayjonade et Catherine Kretz.
- *Le Léonberg,* Georges Blin.
- *Le Rottweiler,* Frank Haymann.
- *Le Jack et le parson russell terrier,* Chantal Leclercq.
- *Le Boxer,* Jean-Claude Mariet.
- *Le West highland white terrier,* Ruth O'Connor.
- *Le Dogue allemand,* Marie-José Labrousse.
- *Le Bull terrier,* Julie Deutsch.
- *Le Beauceron,* Monique Reverdy.
- *Le Bearded collie,* Lucien Chaponet et Jacques Coly.
- *Le Cocker américain,* Laurent Pichard.
- *Le Golden retriever,* Véronique Morize.

Crédits photographiques

Bensoussan/NATURE : 7 ; **Bobek A. :** 11, 23, 47, 102, 107, 108, 115, 119, 121, 135 ; **Bobek/Le Magnan :** 41 ; **Champagne P./A. Bobek :** 118 ; **Français/COGIS :** 4, 21, 32, 33, 81, 82, 84, 85, 91, 94, 124, 133 ; **Gauzargues/COGIS :** 40, 64 ; **Hermeline/Cogis :** 110 ; **Labat/COGIS :** 12, 48, 50, 51, 54, 60, 62, 67, 78, 95, 123, 125, 127, 129, 131, 134 ; **Lanceau/COGIS :** 8-9, 31, 36-37, 44-45, 52, 56, 58-59, 72-73, 74, 77, 79, 83, 86-87, 89, 98-99, 100, 103, 116-117, 126, 130 ; **Monnier/COGIS :** 42 ; **Simon/COGIS :** 13, 16-17, 24, 26-27, 34, 39, 69, 70, 90, 92-93, 101, 104-105, 113, 139 ; **Vedie/COGIS :** 15, 18-19, 20, 28-29, 55, 65, 75, 88, 96, 120, 140.